한국교회
분단과 분열의
트라우마를 넘어서

Beyond Division Trauma in Korean Churches

홍림 의 마음

넓고 붉은 숲이라는 중의적 의미를 담고 있는 <홍림>은, 세상을 향해 추구해야 할 사유와 행동양식의 바람직한 길을 모색하고자 노력하고 있습니다. 폭넓은 독자 층을 향해 열린 시각으로 이 시대의 역할 고민을 감당하며, 넓고 붉은 숲을 조성하 는데 <홍림>이 독자 여러분과 함께하고자 합니다.

한국교회
분단과 분열의 트라우마를 넘어서

지은이 김지은
펴낸이 김은주

1판 1쇄 인쇄 2022년 2월 8일
1판 1쇄 발행 2022년 2월 15일

펴낸곳 홍 림
등 록 제 312-2007-000044호17
전자우편 hongrimpub@gmail.com
인 쇄 동양프린팅
총 판 비전북(031-907-3927)

값은 표지에 있습니다.
ISBN 978-89-6934-033-7(03300)

한국교회
분단과 분열의
트라우마를 넘어서

Beyond Division Trauma in Korean Churches

김지은 지음

홍림

일러두기

본서에서는 '개신교'를 표현하는 의미로 '개신교'와 '기독교'라는 용어를 혼용하였다. 기독교는 개신교와 천주교를 모두 포함하는 용어로, 본서에서는 천주교를 포함하지 않는 개신교를 주요 서술 주체 또는 대상으로 삼고 있으나 일상적으로 사용되는 표현의 자연스러움을 감안할 때 개신교로 표기하는 것이 어색한 경우에는 개신교 대신 동일한 의미로 기독교라는 단어를 사용하였다.

추천의 글 ————————————————————

_한국교회를 향한 '상처 입은 치유자'의 제언

박두혼 목사(교회개혁실천연대)

책을 다 읽고 추천의 글을 어떻게 쓸까, 생각하는 와중에 마음에 문득 떠오른 표현이 있었다. "상처 입은 치유자!" 헨리 나우웬이 저술한 책 제목으로 유명해진 표현이다. 본서의 저자가 바로 그런 분으로 나에게 다가왔다. 그는 자신이 다녔던 세 교회에서 큰 상처를 입고 떠나야 했다. 첫째 교회는 개척교회였는데 무리하게 교회 건물을 건축하려다 문을 닫았고, 두 번째 중형교회와 세 번째 대형교회는 건물 신축 후 담임목사 직을 아들에게 세습했다. 얼마나 슬프고 고통스러운 일이었을까?

다행히 그는 그 트라우마 사건들에 절망적으로 압도당해 영적 난민의 자리에 머물러 있지 않고 치유와 회복의 과정을 거친다. 그리고 한걸음 더 나아가 한국교회 분열 위기의 진원지인 분단 트라우마까지 거슬러 올라가 깊이 성찰하며,

한국교회가 분단과 분열 트라우마를 넘어 새롭게 나아갈 길을 모색하고 제언한다. 그러기에 한국교회를 객관적으로 분석한 어떤 책들보다도 우리의 가슴을 울리는 생명력이 있다. 나는 상처 입은 치유자로 성장한 저자에게 고맙다는 말과 함께 따뜻한 사랑의 위로와 열렬한 응원의 박수를 보내고 싶다.

이 책이 지닌 또 하나의 미덕은 개인의 심리적 측면과 사회적 현상을 연결시켜가며 교회 문제를 분석하고 치유와 회복의 길을 제시하고 있다는 점이다. 대개 개인의 심리적 내면에 초점을 맞추는 이들은 역사와 사회 현상에 무관심하다. 역으로 후자에 천착하는 이들은 대체로 전자를 소홀히 다루는 경향이 있다. 그래서 그들의 분석과 방향 제시가 단편적이어서 현실적이지 못할 때가 많다. 하지만 저자는 소위 심리학적 분석이라는 미시적 방법과 사회학적 분석이라는 거시적 방법을 통합하고 있어, 글을 읽다 보면 매우 현실적으로 다가온다. 예컨대 분단 트라우마가 한국교회에 미쳐온 영향에 대한 분석, 분단과 분열 트라우마의 공동체적 차원의 치유와 회복의 길에 대한 분석은 사회학적이다. 반면 세습과 교회의 분열이 개인에게 미친 파괴적 영향에 대한 분석과 그 개인적 치유과정에 대한 세밀한 분석은 심리학적이다. 두 영역에서 상당한 전문성을 확보한 저자에게 찬사를 보내지 않을 수 없다.

이 책을 읽으면서 비목회자 성도소위 평신도에 대한 새로운 희망을 갖게 되었다. 저자는 비목회자 성도로서, 한국교회가 분단과 분열 트라우마를 겪고 있는 데는 타락한 목회자들뿐 아니라, 성장하지 못한 교인들의 책임도 있다는 점에 주목한다. 누군가 타락한 목회자들을 예언자적으로 용감하고 맹렬하게 책망한다 해도, 막상 대다수 해당 교인들이 그들을 감싸거나 침묵하면 교회개혁은 요원하다. 그런 점에서 본서의 저자는 한국교회의 희망이라 할 수 있습니다. 이렇게 한 사람 두 사람 비목회자 성도들 가운데 상처 입은 치유자가 등장하게 될 때, 한국교회 개혁의 길은 그 만큼 시원하게 열리게 될 것이다. 복음서와 바울 서신에 잘 나와 있는 것처럼, 철저한 신학공부와 헌신적인 교회생활 자체가 결코 바른 신앙의 보장이 될 수 없다. 예수님의 은혜로 눈 뜬 거지처럼, '한 가지 아는 것'이 있고 위협과 핍박 속에서 자기 신앙을 단호하게 지킬 수 있는 용기가 있는 사람이야말로 바른 신앙의 길을 걸어갈 수 있고 교회를 바로 세워나갈 수 있다.요한복음 9장 부디 이 책을 통해 그런 교인들이 한국교회 곳곳에서 일어나길 열망한다.

저자는 기독교가 더 이상 분단과 분열을 확대·증폭시키는 매개체가 아닌 치유와 회복의 촉매제 역할을 할 수 있게 되길 간절히 바라고 있다. 용서와 화해의 복음을 믿는 교회가 분노와 증오를 해소해가기는커녕 강화시키고, 생각이 다른 상대를 악마화 하는 데 앞장선다는 건 너무나 슬프고 가슴 아픈 일이다. 사도행전 15장에 아름답게 기록된 것처럼, 상호 경청하는 대화를 통해 치명적 이견을 조율한 후 성령의 이끄심을 고백할 수 있는 한국교회가 될 수 있다면 얼마나 좋을까? 이 책이 그날을 앞당기는 데 소중히 쓰임받을 수 있기를 간구한다.

주도홍 교수(총신대 초빙교수, 전 백석대학교 부총장)

30대의 젊은 저자는 무척이나 한국교회를 아끼고 사랑한다. 많은 청년이 교회를 떠나 '가나안 크리스천'이 되었지만, 그는 여전히 교회 안에 남아있는 한 성도이다. 그는 명의(名醫)처럼 한국교회의 아픔과 약함을 잘 진단하며, 그 심각성을 인식한다. 분단과 분열의 트라우마를 안고 3/4세기를 신음하는 한국교회를 안타까워한다. 이뿐 아니라, 여러 면에서 아파하는 한국교회를 주목한다. 역설적이지만 한국교회가 그 놀라운 복음을 가졌지만, 스스로 치유하지 못한 채 고통 하는 모습을 보며, 저자는 영적 의사처럼 아주 침착하게 처방전을 쓰기 시작한다.

저자는 신학을 하지 않았지만, 그의 성경적, 신학적 논리는 탄탄하고 건강하며 깊기까지 하다. 그런 맥락에서 그를 바라보는 추천자는 참으로 감사하고 대견하다. 무엇보다 이런 크리스천이 한국교회에서 배출되고, 여전히 한국교회를 이루고 있음이 고맙다. 아무 생각 없이 교회의 일원이 된 자들이 있겠느냐만, 저자는 분명 뭔가 다르다. 저자는 한국교회의 질병과 함께 개인적으로 아파했고 신음했다. 그러면서 한 성도로서 한국교회를 더욱 가까이 알 수 있었다. 이제 그는 펜을 들어 이 글을 써야만 했다. 병든 교회를 비판하고 그저 고발하기 위해서가 아니라, 어떻게, 어디서 그 교회가 거듭나고 새로워질 수 있을 것인지를 찾아 길을 나섰다. 감히 한 젊은 청년이 그런 일을 하다니? 그렇다! 여기에 역설적이지만, 한국교회의 소망이 있다. 아래로부터의 갱신을 이 책은 제시하고 있다.

이 책을 먼저 목회자들이 손에 들어야 한다. 성도들이 어떻게 교회를 바라보고 있으며, 그들의 영적 수준이 어떠한지를 구체적으로 알고, 그런 후 목회자가 그들과 허심탄회한 대화를 기꺼이 원할 때다. 거기다 한국교회를 안타까워하는 모든 사람이 함께 읽었으면 참 좋겠다. 어디에서, 무슨 문제로 한국교회가 이토록 아파하는지, 그 원인이 어디에 있는지, 어떻게 해야 한국교회가 다시 건강해질 수 있을 것인지, 알기를 원하는 크리스천의 손에 이 책이 들려져야 하겠다. 2019년 이후 3년째 코로나19로 인해 가파른 사양길로 향하는 한국교회가 역전의 꿈을 다시 꾸게 될 것이리라.

17세기 루터파 경건주의 창시자 슈페너Philipp Jakob Spener, 1635-1703가 교회갱신을 위해 쓴 그 명저 『피아 데지데리아Pia Desideraia:경건의 요망, 1675』가 떠오름은 어인 일인지!

필자는 한국교회와 성도들 안에 있는 문제점과 한계를 지적하고 그에 대한 대안을 제시하기 위한 목적으로 본서를 집필하였다. 본서에서 다루는 다양한 질문을 던지기까지는 필자의 개인적인 경험이 많은 영향을 미쳤다. 모태신앙으로서 필자는 지금까지 세 군데의 한국교회를 경험하였다. 의도한 것은 아니었지만 아주 작은 개척교회부터 중형, 대형교회를 차례대로 거쳤다. 그중 개척교회는 무리한 교회 건축으로 인한 재정부담을 이기지 못한 채 문을 닫아야 했고, 중형교회와 대형교회는 건물을 신축한 후 아들 목사에게 교회를 세습했다. 모두 어딘가 씁쓸한 잔상을 남긴 채 작별 인사를 고했다. 특히 세 번째 교회였던 대형교회의 세습은 필자가 가져왔던 신앙관과 교회관의 근간을 흔들기에 충분했다. 청년 시절부터 십여 년 넘게 몸담으며 많은 애착과 시간, 노력을 들였던 공동체였기에 그곳이 변질되는 모습을 보는 것이 매우 큰 고통이었고, 마음의 상처가 오랫동안 트라우마로 남았다.

처음에는 왜 하필 이 교회를 만나서, 그리고 세습이 일어나는 이 시점에 이곳에 있어서 이런 일을 겪게 되는지 하는 원망이 크게 들었다. 그러나 시간이 흐르고 개교회로부터 비롯된 하나의 사건이 노회와 총회, 교단과 한국교회 전체를 쥐고 흔들며 가려져 있던 한국교회의 총체적 문제를 고구마 줄기 엮듯 줄줄이 보여주는 것을 보며 사고가 점차 확장되었다.

교회의 세습, 개교회에만 초점을 맞춰 생각했던 것이 한국교회 전반의 상황에 대한 것으로 시야가 넓어지면서 오늘날 한국교회 안에서 나타나는 분열은 어쩌면 역사적으로 더 멀리 거슬러 올라가 그 뿌리를 찾아야 할지 모른다는 생각에 이른 것이다. 그 배경에는 통일학을 공부하며 한국전쟁을 전후로 한 한국 근현대사를 더 깊이 알게 되고, 그 과정에서 기독교가 어떤 역할을 해왔는지 알게 된 것이 주요했다. 개교회 혹은 교단 내부의 분열뿐만 아니라 사회적 맥락 속에서 기독교(개신교)는 어떻게 정치와 연결되었고, 현재 나타나고 있는 진보와 보수 갈등에서 대형교회들이 점하고 있는 입지는 어디서부터 비롯된 것인지를 파악하는 것이 문제의 핵심을 진단하기 위해서는 반드시 필요한 작업이었다. 그리고 기독교가 더 이상 분단과 분열을 확대 증폭시키는 매개체가 아닌 치유와 회복의 촉매제 역할을 하고, 교회에서 상처받은 수많은 영적 난민들이 다시 피난처를 찾을 수 있기 위해서는 무엇이 이루어져야 하는지 논의가 필요하다고 생각했다.

본서가 나오기까지 3~4년 이상 머릿속으로 그 구성과 내용을 구상하는 시간이 있었다. 이 책이 나오기까지는 어쩌면 평생 신앙인으로서 살아왔던 시간이 모두 영향을 미쳤는지도 모르겠다. 처음 이 주제에 대해 생각하고, 한국교회와 성도들 안에 있는 문제점, 한계를 지적하고 나름의 답을 찾기까지 방황하는 과정이 있었다. 그리고 여전히 이 답이 가장 좋은 답인지, 맞는 답인지, 답을 모두 찾기는 한 것인지 장담할 수는 없다.

  그러나 본서를 통해 많은 목회자와 성도가 자신들을 역할과 직분으로 나누기 전에 신앙인으로서, 그리스도의 몸 된 지체로서, 건강한 교회와 구성원으로서 어떤 모습을 가져야 하는지를 생각해볼 수 있기를 바란다. 그리고 그것을 위해서는 스스로를 돌아볼 필요가 있다. 우리가 지금 어떤 지점에 와 있는지, 어떤 모습인지, 우리 자신들과 외부의 시선들은 한국교회를 어떻게 보고 있는지 정확하고 냉철한 자기평가와 반성이 선행되어야 한다.

　　본서를 읽으며 보고 싶지 않은 우리 자신들의 모습을 마주해야 할 때가 많을 테지만, 잘못된 것에 대해 부끄러움을 알지 못하는 것이야말로 가장 큰 수치이며 궁극적으로 더 큰 문제를 초래한다는 것을 우리는 많이 경험해 왔기에, 더 이상 피하기보다는 문제를 직면하고 해결책을 함께 모색해 나갈 수 있기를 바란다.

　　아울러 본서에서 지칭하는 한국교회는 주로 '권위적인 권력구조를 가진 대형교회'이며, 본서에서 지적하는 문제점을 가진 교회들뿐만 아니라 건강한 신앙 공동체로서 본연의 역할과 사회적 책임을 다하기 위해 힘쓰는 수많은 교회가 있음을 미리 밝혀둔다. 본서를 읽음에 있어 기본적으로는 각 장을 순차적으로 모두 살펴보는 것이 가장 좋겠으나, 각 독자의 관심사에 따라 다음과 같이 각 장에 초점을 맞추어 읽는다면 더욱 유익을 얻을 수 있을 것이다. 한국 교회사 및 분단 트라우마에 관심이 있는 독자는 1장과 2장을, 한국교회와 교인들 안의 문제점을 깊이 파악하고자 하는 독자는 3~5장을, 가나안 성도 또는 영적 난민으로 신앙적 어려움을 겪고 있는 독자들은 6장을, 교회의 치유와 회복, 앞으로 나아갈 방향성에 관심이 있는 독자들은 7장과 8장을 위주로 읽는다면 도움이 될 것이다.

본서는 일차적으로는 기독교인들을 대상으로 집필한 것이지만, 기독교가 우리 사회에서 갖는 중요성과 영향력을 고려할 때 비단 기독교인들만 아니라 비기독교인 독자들 역시 다양한 통찰과 사고의 전환을 얻을 수 있으리라 기대한다. 또한 본서에서 많은 지면을 한국교회를 비판하는 데 할애하였으나 본서의 궁극적인 목적은 비판 그 자체에 있는 것이 아니라 비판을 통한 '치유와 회복'에 있음을 다시 한번 강조한다.

끝으로 본서가 나오기까지 도움을 주신 많은 분들께 감사의 말씀을 전한다. 학자로서, 신앙인으로서 항상 본을 보여주시고 부족한 사람에게 격려를 아끼지 않으시는 전우택 교수님, 공동체의 상실을 함께 경험하며 마음을 나누는 좋은 벗으로 힘이 되어주고 원고를 함께 살펴봐 준 주성오빠와 윤선이, 적합한 말씀과 예시를 찾는 데 도움을 준 은나언니, 원고 작업에 많은 관심을 기울여주고 심리학을 통해 세상에 가치를 더한다는 꿈을 함께 키워나가고 있는 하영, 늘 곁에서 든든한 버팀목이 되어주는 가족들, 깜냥이 되지 않는 사람을 믿어주시고 이 원고가 세상에 나올 수 있도록 도와주신 홍림의 김은주 대표님, 부족한 원고를 읽어주시고 마음을 담은 추천사를 써주신 박득훈 목사님과 주도홍 교수님, 지금 이 시각에도 한국교회가 바른 길로 나아가도록 힘쓰며 때로는 고초를 당하기도 하는 목회자들과 성도들께 감사드린다.

2022년 2월

저자 김지은

차 례

1.

우리들의
일그러진
교회

　　본격적인 이야기를 시작하기에 앞서, 다음과 같은 질문으로 서두를 열고자 한다. 오늘날 한국교회 혹은 개신교는 사람들에게 어떤 이미지로 비추어지고 있는가? 각자 마음속에 떠오르는 단어나 이미지들이 있을 것이다. 세부적인 내용이나 형태는 다를지라도 공통점은 모두 씁쓸하지만 직면해야 하는 한국교회, 개신교의 부정적인 현실을 반영하고 있다는 사실일 것이다. 교회 안의 분열과 갈등, 세습, 성폭력, 각종 비리와 의혹이 뉴스를 장식하는 것이 어느 시점부터 낯설지 않은 일이 되었다. 교회 관련 인터넷 기사에 어김없이 등장하는 댓글의 '개독교, 먹사'와 같은 단어들은 어느새 관용어처럼 굳어지고 있다.

　　그렇다면 한국교회는 언제부터 이런 평가를 받게 된 것일까? 한국교회에도 분명 찬란하고 빛나는, 영광스럽던 날들이 있지 않았던가? 교회의 부흥과 함께 교인들, 교회들이 중심이 되어 불의한 시대의 흐름에 저항하고, 순교의 피를 흘리며, 칼뱅과 루터가 그러했듯 개혁과 정화의 아이콘으로 자리매김했던 그런 날들이 있지 않았던가? 하지만 어느샌가 존경받고 세상과 구별되는, 거룩하고 깨끗한 신앙 공동체로서 교회에 대한 기대는 옛말이 된 지 오래다. 이제는 기억 저편으로 희미한 흔적만 남긴 채 무너진 예루살렘의 옛 성전을 바라보며 선지자들이 구슬피 불렀던 애가만이 들리는 듯하다. 어쩌면 이제는 우리가 그 애가를 부를 차례인지도 모르겠다. 무너진 옛 성벽의 잔해 옆에는 포로로 잡혀갔던 이스라엘 사람들 대신, 가나안 성도가 될 기로에 서 있는 신앙인들이 그 자리를 지키고 있다. 무너진 교회를 영원히 떠날 것인가, 다시 세울 것인가를 고민하면서 말이다. 그리고 여기서 앵글을 조금 뒤로 옮기면 그러한 교회를 지탄의 눈빛으로 바라보는 많은 비기독교인이 있다.

교회의 위기, 교회가 무너져간다는 이야기가 비단 어제오늘의 이야기는 아니다. 90년대를 기점으로 양적 성장이 멈춘 이후, 교회는 수량적으로 가늠되는 퇴보뿐 아니라 더 큰 위기로 볼 수 있는 영적 도전을 마주하고 있다. 교회 안에서의 권력다툼과 물질만능주의, 개교회 중심주의, 카리스마적 리더십에 대한 지나친 의존과 신격화, 이성 없이 영성만 강조하는 맹목적 신앙관, 예수 믿으면 받는다는 복을 물질적 축복과 풍요로만 치환해버리는 기복적 신앙관, 사회적 연대감이 부재한 상태에서 외따로 떨어진 섬 혹은 견고한 성이 된 교회와 교인들을 찾아보기란 그리 어렵지 않다.

연합과 화평을 가져와야 할 교회가 오히려 특정 정치 세력과 결합하거나 교회 내에서도 분열되어 한국 사회의 가장 큰 사회갈등 중 하나인 보수와 진보 간 싸움을 확대 재생산하는 데 많은 역할을 하고 있다. 나와 다른 목소리를 외치거나 성향이 다른 타자를 배척하고 악마화demonize하는 기독교인들의 모습에 환멸을 느끼는 사람들도 많다. 사랑과 포용, 인정보다 배제와 폭력, 차별이 일상이 된 종교인들이 영적 리더를 자처하며 갈등과 혐오를 증폭시키고 피아를 구분 짓는 경계를 만들고 있다.

이렇듯 산적한 문제 앞에서, 우리는 근본적인 질문을 던지지 않을 수 없다. 이런 문제의 기저에는, 그 뿌리에는 무엇이 자리하고 있는가? 교회는 어디서부터 잘못된 길을 들어선 것이며, 어떻게 다시 잃어버린 정상궤도에 진입할 수 있을지 진지한 고민과 성찰이 필요한 때다.

건강한 신앙인과 교회공동체의 모습을 회복하고 '빛과 소금'으로서의 역할을 다시 찾기 위해서 우리는 무엇을 해야 하는가? 문제를 해결하기 위해서는 문제가 발생한 지점으로 돌아가 천천히 복기하고 수정하며 변화하는 과정이 필요하다. 과거는 과거에만 그치는 것이 아니라 우리가 현재 서 있는 지평을 만들어온 토양이자, 앞으로 걸어갈 길과 그 끝에서 마주할 미래를 비추는 반사경이기 때문이다. 따라서 본서에서는 한국교회가 당면하고 있는 위기의 진원지로서 과거, 보다 구체적으로는 한반도에 복음이 전파된 시점으로부터 한국전쟁 전후 시기에 이르기까지 교회의 역사와 그 과정에서 나타난 분단 트라우마를 살펴보고 향후 나아갈 방향성을 논하고자 한다. 그리고 이후의 장에서는 한국 근현대사로부터 이어져 온 문제들과 그것이 현재 우리들의 삶과 신앙, 공동체에 미치는 영향을 분석하고 보다 건강한 미래를 위한 방안을 탐색할 것이다.

2.

한국교회 분열과 분단의 역사,
분단 트라우마가
한국교회에 남긴 흔적

조선 후기 복음의 전파와 일제강점기 교회의 분열

한반도에 복음이 전파되고 기독교가 뿌리내린 것은 19세기 후반이었다. 이 시기 쇄국정책을 펼치고 있던 조선에서는 미국을 비롯한 서방 세력에 대한 배척과 경계를 지속하였다. 그러나 다른 한편으로는 서양식 문물과 세계관을 적극적으로 받아들여야 한다는 개화파 세력들이 등장하면서 국내에서의 정치적 충돌이 심화되었다. 반면 국외적으로는 조선이 어떤 대외적 입장을 견지하든 그것과는 별개로 영국, 미국, 프랑스, 러시아 등 서구 열강에 의한 개방 압력이 가속되는 상황이었다. 그런 가운데 1866년 통상교역을 요구하며 대동강에 정박한 제너럴 셔먼호the General Sherman가 평양 사람들에 의해 불태워지며 그 안에 승선해 있던 로버트 저메인 토마스Robert Jermain Thomas, 1839~1866선교사 역시 조선 땅은 밟아보지도 못한 채 죽음을 맞이했다.[1] 그러나 이 과정에서 토마스 선교사를 죽인 박춘권에게 한문으로 번역된 성경책이 전달되었고 이를 통해 그는 예수를 믿게 되었다. 그리고 박영식은 벽지로 성경을 찢어 붙이면서 성경을 읽게 되어 신앙을 갖게 되었고, 그의 집은 이후 평양 대부흥의 중심지인 장대현 교회가 되었다. 이렇게 조선에서는 성경의 전파와 함께 자생적으로 신앙의 열기가 타오르기 시작했고, 이후 더 많은 선교사가 조선 땅을 밟으며 복음이 전해지고 교회가 세워지면서 단기간에 놀라운 부흥이 일어났다. 그리고 평양은 동양의 예루살렘으로 불리며 기독교의 본산 같은 역할을 담당하였다.[2]

그러나 일제강점기에 접어들며 기독교계는 일본제국으로부터 많은 탄압을 받았다. 대표적인 사건으로서 신사참배 강요는 유일신을 믿는 기독교인들에게 신앙적인 가치를 지킬 것인가 개인과 교회로서 저항하고 바꾸기 어려운 현실과 타협할 것인가 하는 문제와 직결되었다. 그 과정에서 1951년경 신사참배를 거부하고 박해받은 교단과 그렇지 않은 교단 사이에 분열이 일어났고, 신사참배를 둘러싼 입장 차는 교회 내 분열과 분리를 가져오는 계기가 되었다. 해방 이후까지 신사참배에 대한 갈등은 해소되지 않은 채 지속되었다.[3] 일각에서는 이후 일어난 한국전쟁과 분단을 신사참배에 대한 한국교회의 회개 부재에서 기인한 것으로 해석하기도 했다.

한국전쟁과 트라우마 반응으로서 교회 내 반공 이데올로기의 형성

일제강점기를 거쳐 해방을 맞이하면서 한국 기독교계는 또한 번의 도전과 시련을 경험하였다. 일제 치하에서 기독교계 인사들과 사회주의자 인사들은 지향점이나 가치관은 달랐지만 일제에 대한 저항과 독립이라는 공동의 목표를 갖고 각각의 활동을 이어나갔다. 그러나 1930년대부터 주류 개신교 지도자들이 공산주의의 무신론, 유물사상, 폭력혁명 등을 이유로 공산주의를 반대하면서 공산주의를 성경에 나오는 '붉은 용'에 비유하는 등 반공주의가 심화되었다.[4] 한편 1945년 광복을 맞이하면서 사회주의와 민주주의, 공산주의와 자본주의, 민족주의 등 다양한 이념과 노선을 중심으로 국론이 분열되고 정치세력 간 경쟁 구도가 심화되었다. 그 과정에서 북조선인민위원회가 활발한 활동을 펼치며 세력을 장악한 이북 지역, 그중에서도 특히 평안도 지역의 교회와 교인들은 많은 변화를 경험하였다. 활발하게 무역과 상업 활동을 하며 기독교의 청빈과 성실 정신을 기반으로 많은 부를 축적한 교인들과 평안도 지역에 있던 많은 교회는 무신론, 유물론적 세계관을 바탕으로 교회와 지주, 부자를 적대시하며 계급전복, 토지개혁, 사유재산 몰수를 추진한 공산주의자들의 박해를 피해 월남하였다.[5] 이러한 이동은 한국전쟁 전후 동안 계속되었고, 이들은 서울을 비롯한 수도권을 중심으로 자리 잡으며 한국 개신교의 주류로 성장하였다.

공산주의자들에 의해 가족이 희생되거나 재산이 몰수되고 직간접적인 생명의 위협을 경험한 기독교인들은 그들에 대한 극심한 적대감과 경계심을 갖게 되었다. 남한 지역에서 교세가 큰 주요 교단과 교회의 지도자들이 된 이북 출신 목회자들은 자신들이 몸소 경험한 공산주의의 실체를 적극적으로 설파하였고, 그러한 위협을 경험해보지 않은 기독교인들에게도 두려움, 분노, 적대감은 전이, 재생산되었다. 또한 서북청년단의 조직과 활동에 기독교인 청년들, 한경직 목사와 같은 기독교계 인사들이 깊이 관여하면서[6] 비극적인 폭력과 복수의 악순환이 일어났다. 물론 이러한 흐름은 교회 내에만 국한되는 것은 아니었다. 한국전쟁은 가족과 친구, 이웃이 생사의 갈림길에서 같은 편, 아니면 다른 편이 되어서 총부리를 겨누는 트라우마 사건이었다. 이러한 비극적 상황과 고통 속에서 기존 질서는 무너졌으며, 해방 후부터 끊임없이 전개된 새로운 국가 이념과 체제 수립, 권력 쟁탈 등으로 인한 대립 갈등과 더불어 극심한 혼란의 시기가 이어졌다.[7]

이 시기 기독교인들의 마음과 기억 속에 깊게 각인된 공산주의자들로부터의 위협과 그들에 대한 공포는 오랫동안 트라우마로 자리 잡았고, 이는 공산주의를 표방하거나 공산주의와 연결된 것으로 생각되는 것은 어떤 것이든지 배척하고 제거하고자 하는 노력으로 이어졌다.[8]

트라우마를 경험한 사람들은 작은 자극에도 민감하게 반응하고 과거의 경험과 상처가 침습적으로 떠오르는 것을 경험한다. 이는 공산주의에 대한 트라우마를 경험한 교인들과 목회자들에게도 예외는 아니었다. 반공은 교회 안에서 기독교적 진리에 대한 수호와 함께 절대적으로 사수해야 할 또 다른 가치로 자리 잡았고, 조금이라도 애매한 입장을 취하거나 공산주의적 성향을 나타내는 것은 기독교와 교회에 대한 위협으로 간주되었다. 절대적인 흑과 백만이 존재했고, 중간지대에 속한 생각은 회색분자 혹은 반기독교적인 것으로서 교회 안에서 용납될 수 없었다.

이러한 태도는 외상적 사건에 대한 자연스러운 반응으로 해석할 수 있다. 트라우마를 경험한 사람들은 자신의 의지와 관계없이 외상적 사건이 반복적이고 침습적으로 떠오르는 플래시백flashback, 과도한 불안과 각성을 경험하며, 유사한 상황이나 사건을 회피하고자 하는 태도를 나타내고, 작은 자극에도 과도한 반응을 보인다. 또한 타인과 세상에 대한 신뢰를 상실하고 사람들과 세상이 더 이상 믿을 수 없으며, 자신에게 일어나는 일들을 통제하거나 예측할 수 없다고 느낀다.[9] 이는 타인 및 세상과의 단절을 유발하고, 트라우마를 경험한 개인은 이전의 자아와는 다른 정체성을 형성하며 예전의 모습을 되찾을 수 없다고 생각한다.

이런 맥락에서 한국교회에서 나타난 공산주의에 대한 극도의 경계와 반감은 자기 자신 및 가까운 사람들, 소속된 공동체가 파괴되고 공격받는 것을 직간접적으로 경험한 데 따른 자연스러운 반응으로 볼 수 있다. 그 자체로는 그러한 교회의 태도와 경향이 좋거나 나쁘다고 할 수 없다. 트라우마를 직접 경험한 당사자가 아닌 제삼자가 그것을 판단하는 것은 또 다른 2차 가해 혹은 월권행위가 될 수 있기 때문이다. 그러나 안타까운 사실은 그 이후에도 한국교회가 자신들의 트라우마로부터 회복되는 데까지 나아가지는 못했다는 점이다.

외상적 사건을 경험한 개인들이 모두 외상 후 스트레스 장애 PTSD: Post-Traumatic Stress Disorder나 우울, 불안장애와 같은 임상적 증상을 보이는 것은 아니다. 시간이 흐름에 따라 자연스럽게 증상이 완화되거나 주변의 도움, 문제 해결 능력, 긍정성,

낙천성과 같은 성격특성, 정서적 안정성 등의 심리적 보호 요인psychological protective factors 10)을 통하여 회복되기도 한다. 그러나 과거의 외상적 사건 경험, 가족력, 외상 경험 이전의 심리적 상태과거력와 같은 개인적, 가족적 요인과 사건의 강도나 빈도 같은 외상 사건 자체의 성격, 주변의 지지 혹은 사회적 낙인과 같은 환경적 요인들이 심리적 문제로 발전하는 데 영향을 미친다. 개인적 차원에서는 교인들 혹은 목회자들 개개인으로서 이러한 요소들이 그들의 트라우마적 기억이 지속되고 심리적 문제로 발전하는 데 영향을 미쳤을 수 있다.

집단 트라우마로서 한국교회의 분단 트라우마

그러나 한국교회에서 지속된 분단 트라우마는 개인뿐만 아니라 집단적 차원에서 살펴볼 필요가 있다. '집단 트라우마collective trauma'는 '대규모 트라우마mass trauma' 또는 '사회적 트라우마social trauma'로도 불리며, 외상을 직접 경험한 사람뿐만 아니라 사회적 전승social transmission을 통해 외상적 사건의 심리적 결과가 지역사회 구성원에 의해 공유되고 사회적 관계를 통해 확산된다.11) 집단 트라우마는 외상 사건이 공동체와 사회 전체에 미치는 영향을 거시적 관점에서 조망하며, 개인 수준에서는 설명할 수 없는 집합적이고 복합적인 트라우마 현상을 분석하고 이해할 수 있도록 한다. 집단 트라우마는 이후 세대까지 전이되며 지속될 수 있는데, 부모 세대로부터 전해 들은 과거 사건에 대한 이미지, 그와 연합된 정서적 경험, 관점들이 대물림되기 때문이다.

한국전쟁을 전후로 한국교회가 경험한 트라우마는 개인 차원의 생존뿐 아니라 '교회'와 '기독교'라는 집단적, 공동체적 정체성과 존재의 근간을 흔드는 것이었다. 한국전쟁 과정에서 개인과 교회 공동체가 경험한 아픔과 상처는 교회 안에서 지속적으로 이야기되고 강화되면서 공동체 구성원들이 공유하는 보편적 정서와 유대감이 되었다. 다른 한편으로는 예수의 고통과 수난에 대한 기시감을 불러일으켰다.[12] 믿음을 지키기 위해 고난과 박해를 받으며 어려움 가운데서도 무너지지 않은 기독교인들과 교회의 역사는 간증이 되었다. 외부로부터의 위협은 내부의 결속력을 높인다는 면에서 반공은 교회의 응집력과 충성도loyalty를 향상하는 역할을 했다고 볼 수 있다.

생사를 좌우하는 실존적 위협과 그것을 조장하는 존재 앞에서 온 힘을 다해 이를 막아내고 자신과 공동체를 지키는 것은 어찌 보면 당연한 반응이라고 볼 수 있다. 죽일 것인가, 죽임을 당할 것인가 하는 극단적인 양자택일의 상황에서 방어는 최선의 공격이기 때문이다. 그리고 그 공격은 악의를 가진 것이 아닌, 정당방어라고 주장한다고 해도 크게 이의를 제기하기 어려울지 모른다. 자신과 자신이 속한 공동체를 지키고자 하는 것은 인간의 본능이며, 생존의 욕구와 권리는 그 어떤 것보다 강렬하고, 부정할 수 없는 기본적인 것으로서 존엄하다. 그렇기에 교회 내부에서 공유된 두려움과 공포와 같은 정서 반응 자체가 잘못된 것이라고 이야기하기는 어려울 것이다. 생존에 대한 위협이 지속되는 한 자기 보호 욕구는 계속 자극받을 수밖에 없기 때문이다.

정상 반응 범주를 넘어선 희생자 정체성victim identity

그러나 한 가지 생각해볼 점은 한국교회에서 지속 전승된 그러한 경향성을 정상적 트라우마 반응으로 간주할 수 있는 시기를 언제까지로 볼 것인가 하는 것이다. 한국전쟁을 전후로 공산주의의 실제적 위협이 존재했던 시기에는 그러한 반응을 정상적인 것으로 볼 수 있지만, 북한과의 체제 경쟁에서 우위를 점하며 경제를 비롯한 많은 영역에서 월등함이 증명된 80년대~90년대 후반에도 지속되었던 그런 경향성을 과연 정상적인 것으로 볼 수 있는지 질문하지 않을 수 없다. 한국교회의 트라우마적 반응은 심지어 오늘날까지도 계속되고 있으며, 최근에는 보수 정치세력과 연합하며 심화되는 경향을 나타내고 있다.[13)

　　1980년대 후반에서 90년대 초반에는 베를린 장벽이 무너지면서 동서독이 통일되고 공산주의의 맹주였던 소련이 해체되었으며, 2000년대 들어서는 중국마저 본격적인 시장경제체제로 전환하면서 일대 변혁을 맞았다. 이 같은 공산주의권의 붕괴와 체제 전환이라는 국제정세 속에서 북한은 내부적으로는 경제발전전략의 실패로 인한 불균형적인 산업구조와 생산성 저하로 경제성장이 하강 곡선을 그리고 있었다.[14) 그리고 공산권의 붕괴와 함께 소련과 중국으로부터 더 이상 지원이 이루어지지 않으면서 경제적 어려움은 더해졌다. 거기에 더해 지속된 기근으로 '고난의 행군'을 거치며 국제사회의 원조를 받지 않으면 어려울 정도로 상황이 악화되었다.

　　물론 그러한 상황 속에서도 북한의 군사노선은 강화되었고, 그 후에도 핵과 미사일을 통한 북한의 무력도발은 지속되었다. 이는 미국을 비롯한 서방세계와의 대화를 이어가고 협상 테이블에서 유리한 조건을 얻어내기 위한 벼랑 끝 외교 전술의 일환으로 볼 수도, 혹은 국제사회에서 고립되어 위협을 느끼는 북한의 방어적 태도에서 비롯된 실제적인 방어

전술로 볼 수도 있다.[15] 이러한 핵, 미사일 위협과 함께 천안함 사건과 같이 국민적으로 큰 충격을 안겨준 사건들은 한국에 실제적 위협으로 느껴지기에 충분했을지도 모른다. 또한 한국이나 미국 정부와의 관계, 자신들의 이해관계에 따라 수시로 바뀌는 대남, 대미 발언 수위와 내용, 적대적인 표현도 서슴지 않는 모습이 북한을 여전히 실재하고 건재한 주적, 우리의 안전을 위협하는 존재로 느껴지도록 하는 요소가 될 수 있다. 비일관적인 북한의 태도와 그들이 보이는 적대적 행동과 표현은 부인할 수 없는 사실이며, 실제적인 위협이 전혀 존재하지 않는다고도 할 수 없다.

그러나 그렇다 할지라도 한국교회가 보이는 극단적인 태도와 그들에 대한 악마화, 비인간화, 희생자로서의 자기 인식victim mentality이 정당화될 수 있는 것인가는 별개의 문제다. 한국전쟁이 일어난 지 70년이 넘었고, 간헐적인 무력 위협과 충돌이 지속되고 있기는 하지만 한국전쟁 당시 경험했던 것에 비하면 우리의 일상과 생존을 위협하는 정도는 매우 적다. 물론 이 같은 관점에 반대를 표하는 사람들도 많겠지만, 여기에서 강조하고자 하는 것은 북한에 의한 위협의 실재 여부가 아닌, 그러한 위협과 북한을 대하는 한국 사회, 특별히 한국교회의 태도에 관한 것이다.

70여 년이 넘는 시간 동안 한국 사회 내부에서, 또 남북관계에서 존재하는 수많은 갈등과 관련하여 한국교회는 그동안 어떤 역할을 감당해왔는지 돌아볼 필요가 있다. 한국교회는 과연 평화와 화해의 메신저로서 기능해왔는가 아니면 반대로 갈등과 불신을 배가시키며 자신의 트라우마 안에 갇혀 자폐적이고 고립적, 적대적인 태도로 일관하고 있는가 자문하고, 객관적인 시각에서 자아 성찰해야 할 때이다. 이는 한국교회가 언제까지 자기연민과 희생자로서의 인식에 갇혀 스스로를 규정짓고 사회와 국가 속에서 감당해야 할 역할에 한계를 설정할 것인가 하는 문제와 직결된다.

그동안 공산주의자들의 핍박을 견디며 신앙을 지키기 위해 월남하여 교회를 세우고, 경제성장과 함께 양적, 영적으로 성장과 부흥을 이룬 한국교회의 성공 신화들은 교회 안에서 수없이 회자되었다. 고난과 역경을 이기고 출애굽하여 끝까지 믿음을 지키고 약속의 땅 가나안에 들어간 이스라엘 민족처럼 위기를 극복하고 부흥을 이룬 한국교회는 하나님의 은혜와 축복을 받은 특별한 선민이자 핍박받는 이스라엘 민족의 또 다른 표상이 되기에 충분했다.

그러나 한국교회는 분단 트라우마를 극복하는 데까지는 나아가지 못하고 상처받은 그 지점에 머물러 있었다. 원수를 용서하고 사랑하라는 성경 말씀을 실천하지 못한 채 원수가 '무너지고 징벌받도록' 기도하며 그들을 악마화, 비인간화하였다. 그들의 회복, 혹은 그들과 자신들 사이의 용서, 화해와 같은 것들을 놓고 기도하거나 행동하려는 노력 역시 부족했다. 자신들을 핍박한 공산주의자들은 절대악이며 변화될 수 없는 존재로 여겼고, 이는 자연스럽게 어떠한 대화나 상대방에 대한 이해의 노력도 기울일 수 없도록 하였다. 그들은 무너지고 심판을 받아 마땅한 존재로, 결코 교류하거나 타협할 수 없는 존재로 간주 되었다. 이는 의심과 불신, 적대감이 증폭되는 결과를 가져왔고, 자아와 피아의 경계를 강화시키며 교회공동체가 폐쇄적이고 배타적인 성향을 보이는 데 기여했다.[16] 희생과 가해라는 언어는 인간의 주체적인 활동을 약화시키고 희생자를 무력하게 만들며[17] 스스로를 피해자로 만드는 이야기 안에 그들을 가두어 놓는[18] 역설적이며 파괴적인 경향을 띤다.[19]

극단적 갈등을 경험한 사회에서 평화와 회복을 가져오기 위해서는 적대 관계에 있는 집단 사이의 지속적인 대화와 교류를 통해 오해를 줄여나가고, 무력을 통한 문제 해결이 아닌 협약이나 조약과 같은 평화적인 방법을 통한 문제 해결 노력이 요구된다. 그런 면에서 한국교회의 적대적이고 배타적인 태도는 상호교류를 통한 이해와 인정, 용서와 화해, 과거의 상처로부터 회복하고 건강한 공동체와 사회, 미래를 이루는 것과는 거리가 멀었다. 물론 일부 진보적인 교회들을 통한 평화운동, 평화교육 등이 이루어졌고 현재도 지속되고 있지만, 상당수 교회는 여전히 분단 트라우마와 희생자로서의 자기 인식에서 벗어나지 못하고 있는 것이 현실이다. 또한 교회 안에서 '평화'나 남북 갈등을 해소하고 서로 더 알아갈 것을 자유롭게 이야기할 수 있게 된 지도 그리 오래되지 않았다.[20]

절대악 · 절대선에 대한 2차원적 설정

이런 인식의 한계는 남한 사회 내부 갈등 해소, 남북 간 대화와 평화를 위한 노력을 어렵게 만든다는 점과 함께 교회 내부의 문제점을 객관적인 시각에서 바라보고 개혁, 정화하기 어렵게 한다는 점에서 문제적이다. 절대악으로 설정된 타자가 존재할 때 우리는 스스로가 도덕적으로 매우 깨끗하고 결함이 없으며, 온전한 존재라고 착각하거나 합리화하기 쉽다. 타도하고 없어져야 할 대상은 모든 부정적이고 악마적 속성을 내포하고 상징하는 존재로서의 타자이며, 그러한 타자가 없어질 때 우리는 마침내 완전한 선을 이룬 것으로 생각한다. 절대악이 없어진 세상은 완전무결한 곳이 된다. 그리고 우리는 그러한 세상의 중심이자 선하고 옳은 일을 행하는 주체로서 스스로의 정체성을 규정한다.

그러나 이 대목에서 한 가지 질문을 던지지 않을 수 없다. 그것은 우리 속에 존재하는 악과 죄의 속성에 관한 것이다. 우리 개인 혹은 한국교회 안에는 죄의 속성이 전혀 존재하지 않는다고 자부할 수 있는가? 우리는 도덕적으로 완전무결하고 깨끗한, 아무런 죄와 흠결도 없었으나 희생당했던 어린 양과 같은 존재들인가 하는 것이다. 절대악과 절대선의 2차원적 구조로 세상을 정의할 때 모든 것은 단순하고 명확해 보인다. 그러나 이 세상, 그리고 자아와 타아가 그렇게 간단하게 분류, 정의될 수 있는 것인지 우리는 질문해 보아야 한다. 스스로를 악으로부터 분리하고 타자에게만 그러한 속성을 모두 부여하는 것은 어쩌면 자신의 도덕적 정당성에 대한 명분을 찾기 위한 눈물겨운 노력의 방증일지도 모른다.

관계 속에서 갈등을 경험하고 오랜 기간 상처를 주고받으며 용서와 화해로부터 너무 멀리 온 경우, 어느 시점부터 우리는 더 이상 최초의 갈등 유발 원인에 초점을 맞추지 않는다. 갈등의 원인은 상대방이 가진 속성이나 행동 중 일부였으나 나

중에는 전존재全存在를 대변하는 것으로 간주되어 상대방의 전존재를 부정하기에 이른다. 상대의 어떤 말이나 행동, 태도가 문제가 아니라, 상대방의 존재 자체가 문제라고 여기는 것이다. 상대방에 대한 고정된 이미지를 형성한 상태에서는 그 이후 상대방의 언어적, 비언어적 메시지가 모두 자체적인 필터링 과정을 거쳐 전달된다. 상대방이 실제 의도한 메시지와는 관계없이 상대방을 자신이 가진 신념이나 생각과 일치하는 방향으로 받아들이고 해석하게 된다. 이는 부정적 방식으로 나타나는 일종의 자기충족적 예언self-fulfilling prophecy 21)으로 볼 수 있다. 그러한 태도 속에서 상대방은 가변적이고 나와의 상호작용을 통해 반응이 달라질 수 있는 인격적 존재가 아닌, 항상 고정적이고 내가 어떻게 행동해도 바뀌지 않는 상수로 개념화된다. 따라서 갈등을 해결하고 새로운 관계의 국면으로 전환하기 위한 그 어떤 노력이나 시도도 무의미한 것이 되고, 할 수 있는 가장 최선의 선택은 상대방을 계속 비난하고 자신이 설정해 놓은 이미지에 고착시키며, 어떤 대화나 교류도 단절한 채로 자신을 지키는 것이다.

이런 방식으로 한국교회는 분단 트라우마를 심화, 고착시키는 선택을 해왔다. 평화와 화해의 노력보다는 적으로 간주되는 타자를 자신이 생각한 이미지에 계속 고정시키고 그러한 신념을 교회 내부에서 구성원들과 공유하며 집단 트라우마를 재생산하는 방식으로 역기능적으로 기능해온 것이다. 그 과정에서 한국전쟁을 직접 경험해보지 않은 세대들은 그 이전 세대들로부터 고통의 상흔과 해결되지 않은 분노, 적대감, 공포 등을 물려받았고, 객관적인 시각에서 역사 속의 공과 실을 바라보도록 교육받을 기회를 잃었다.

3.

왕국이 된 교회: '그들'의 나라와 '그들'의 뜻이 이루어지이다

한국전쟁을 전후로 한국교회는 희생자로서의 정체성에 스스로를 가두어버린 것과 함께 또 다른 함정에 빠졌다. 한국 사회가 전쟁피해를 복구하며 경제개발계획, 새마을 운동 등을 통해 경제적 성장과 회복을 이루어가면서 교회 역시 양적, 질적 부흥과 성장을 기록하였다. 날마다 많은 교회가 생겨나고 신도 수 역시 폭발적으로 증가하였다. 성도들은 열정과 헌신을 다하며 교회에 충성하였고, 교회 혹은 목회자들은 하나님이 주시는 축복과 은혜를 선포하며 성도들에게 힘든 하루하루를 버틸 수 있는 정신적 자원을 제공했다.

그러나 그 과정에서 한국교회 안에는 많은 열매만큼이나 다양한 문제도 나타났다. 이스라엘 민족들이 이집트에서의 노예 생활과 40년간의 광야 생활을 거쳐 가나안 땅에 들어간 후 왕을 구하고 타락, 반역했던 것과 같은 역사가 한국교회 안에서도 반복되고 있던 것이다.

벤 잭슨Ben Jackson은 한국교회의 성장과 대형교회, 교회 세습에 관하여 다음과 같이 서술하였다.[22]

1970~80년대 산업화 시기를 겪으며 농촌 지역으로부터 많은 인구가 도시로 유입되었고, 서울 외곽 지역에 새롭게 조성된 거주지역에서는 교회의 신도가 될 수 있는 잠재적 대상들이 넘쳐났다. 교회는 이러한 도시 이주민들에게 공동체의 소속감을 느낄 수 있도록 해주었고, 신도시를 차지하기 위한 경쟁은 교회를 더 크고 웅장하게 짓는 양태로 이어졌다. 대형교회들에서는 흡사 '재벌'의 비즈니스 모델과 같이 병원, 학교, 신문사, 라디오 방송국, 자선단체 등으로 영역을 넓혀갔다.

한국 개신교도 수는 산업화 직전인 1960년대 초 1백만 명에서 십 년마다 두 배씩 증가하여 1980년대에는 5백만 명, 1995년에는 870만 명까지 성장했다. 이러한 빠른 성장의 중심에는 대형교회들이 있었고, 한국에는 세계에서 가장 많은 신도를 보유한 여의도 순복음교회를 비롯하여 세계 10위권에 드는 교회가 여럿 있다.

교회를 개척한 목사들은 대부분 은퇴 연령에 가까웠거나

한국교회
분단과 분열의 트라우마를 넘어서

은퇴 시기를 지났으며, 그들 중 상당수가 아들에게 교회를 세습하고 있다. 첫 번째 세습은 1973년 도림교회였으나, 1990년대 들어 세습이 더욱 가속화되었고 2000년대에 성행하였다. 2014년에는 교회세습반대운동연대에서 95개의 세습교회 명단을 작성하였는데, 대부분 서울이나 대도시 지역이었다. 2017년에는 그 수가 122개 교회로 증가하였다.[23)24)]

한국의 정교분리 원칙에 따라 종교적 행위를 제한할 수 있는 법은 거의 없으며, 목회자의 세습 역시 합법이다. 그러나 몇몇 주류 개신교회 교단에서는 세습을 금지하였으며, 2012년 한국감리교단에서는 소속 교회들의 세습방지법을 제정하였다. 이후 2013년 장로교단에서도 세습방지법을 제정하였다. (중략)

 그러나 이러한 법들이 세습하려는 목회자들을 멈추지는 못하였으며, (중략) 목회자가 자신의 교회와 자녀가 담임하고 있는 교회를 '합병'하는 방식, 아버지와 아들 사이의 직접적인 세습을 피하고자 중간에 다른 목사를 임시 청빙하는 방식, 두 명의 목회자가 서로의 자녀들을 후계자로 지목하여 교회를 '맞교환'swap하여 물려주는 방식 등으로 세습은 지속되었다.

한국에서 교회 세습이 이렇게 많이 일어나는 이유에 대하여 교회개혁실천연대 김애희 사무국장은 기독교가 전파되기 이전의 문화적 요인이 많은 영향을 미쳤을 것이라고 본다.

"한국교회 안에는 뿌리 깊은 유교적 정서가 있다. 교회 안에는 매우 강력한 위계질서가 존재하며, 많은 교회에서 목사들은 지배적인 위치에 있다. "

"몇몇 경우 혈연관계는 목사의 영적 권위가 이어지는 적법한 계승자로서 인식되는데, 전근대적인 것으로 보일 수 있지만, 일부 신도들에게는 이런 정서가 매우 뿌리 깊게 자리하고 있다. 목사는 가족의 가장과 같으며, 목사의 의지에 반할 수 없다. 그렇게 할 경우, 그것은 하나님께 반하는 것으로 간주된다." (후략)

이 기사는 한국에서 대형교회와 목회 세습이 유난히 많이 나타나는 이유를 잘 설명해주고 있다. 한국교회의 성장 과정은 한국 근현대사와 따로 떨어져 생각할 수 없다. 전후戰後 복구 시기를 거쳐 경제성장에 박차를 가하면서 갑작스럽게 도시로 유입된 많은 농촌 인구들은 도심 지역에서 경제적, 문화적으로 비교적 소외되어 있었고, 소속감을 느끼기가 어려웠다. 교회는 그런 이들에게 공동체로의 소속감과 심리적, 영적 안정감을 제공해주는 안식처와 같은 역할을 했다. 또, 이러한 도시 이주민들의 주거지로서 형성된 신도심지를 중심으로 교회들이 생겨나며 교회는 단기간에 폭발적인 성장세를 보였다. 이같은 성장은 복음의 전파와 교회의 영적, 양적 성장이라는 점에서 긍정적으로 평가할 수도 있으나, 그 과정에서 다양한 문제점들 역시 함께 나타났다.[25]

왕을 구하는 한국교회

김애희 사무국장이 지적했듯이 한국교회는 기독교가 전해지던 그 무렵까지 봉건적 왕권 제도를 유지하고 있었다. 신분제에 의한 계급 구분, 왕권제와 유교적 위계질서의 문화적 요인은 교회 안에서도 영향을 미쳤다. 물론 기독교 사상을 통해 모든 사람이 다 존귀하며 하나님의 자녀로서 평등하다는 인식이 자리 잡으며 기존의 신분제에 균열을 가져오는 순기능을 하기도 했다. 양반이 평신도로서, 머슴이 장로로서 직분을 담당하며 교회 안에서 관계의 역전이 일어나는 경우도 존재했다.[26]

그러나 교회가 지속되고 성장하는 과정에서 교회 안에서 리더십 자리에 있는 인물, 특히 목회자가 가지는 영향력은 상당했고, 지배적인 권위를 가지는 경우가 많았다. 이 같은 경향은 산업화 시기 교회가 성장, 부흥하는 과정에서도 지속되었는데, 한국에서 유난히 많은 대형교회가 등장하게 된 데는 카리스마적 리더십에 의존하는 한국교회의 특성도 많은 기여를 했다.

전근대적 봉건제도, 일제강점기 일본의 무력 통치, 군부 쿠데타에 의한 유신정권에 이르기까지 주체는 변화했지만, 일방적이고 강압적인 통치문화는 계속적으로 한국 사회를 지배했다. 민주주의 경험이 부족 혹은 부재한 상태에서 성도들은 교회 안에서도 능동적인 공동체 성원으로서 자신의 권리를 주장하고 공동체의 결정에 적극적으로 참여하기보다는 수동적인 존재로 남아있었다. 많은 성도는 스스로 결정하고 생각하기보다는, 체질적으로 익숙한 방식대로 권위자에게 권리와 결정을 위탁하고 따르기를 더 편안하게 느꼈을지 모른다.

목회자는 성도들이 신앙적으로 흔들리거나 신학적인 질문들을 마주할 때 권면하고 가르쳐주며 설교와 예배, 심방 등을 주도적으로 진행하는 역할을 한다. 그러나 이런 역할과 기능상의 차이가 존재론적 차이를 의미하는 것이라고 보기는 어렵다. 따라서 목회자들은 물론 성도들 역시 성도들이 지나치게 수동적이며 주관이 없는, 무지한 존재라고 생각하거나 반대로 목회자를 매우 뛰어나고 특별한 존재로 인식하는 우를 범하지 않도록 주의해야 한다.

그러나 오늘날 일부 한국교회에서 목회자들의 위치는 흔히 구약 시대의 대제사장 혹은 제사장 직분을 맡았던 레위 지파와 혼동되고 있는듯하다. 신약에서 예수를 통해 모든 믿는 자들이 하나님과 직접적으로 연결될 수 있는 권위를 부여받았음에도 불구하고, 한국교회에서는 여전히 많은 교인이 목회자를 통해 우회적이고 간접적으로 하나님을 만나는 것을 어렵지 않게 찾아볼 수 있다. 성도들이 스스로 말씀을 통해 하나님의 뜻을 발견하고 하나님과의 개인적이고 친밀한, 인격적인 관계 안에서 신앙을 발전시키기보다는 목회자에 의해 일방적으로 '공급받는' 방식으로 신앙생활을 하는 것을 쉽게 발견할 수 있다. 성도들이 순진무구하며 의존적인, 언제나 도움을 필요로 하는 존재에 머물러 있을 때 그들은 스스로 성장하고 발전하기 위한 그 어떤 노력도 기울이지 않게 된다. 위계적으로 설정된 관계 속에서 목회자들은 절대적인 영적 권위와 주도권을 가지고 성도들을 이끈다. 쌍방향으로 소통하며 함께 공동체를 만들고 세워가는 동등한 주체로서가 아닌, 상하 수직적인 형태의 관계가 되는 것이다.

 이러한 구조는 목회자들이 구약 시대의 대제사장과 같이 인식되도록 하는 바탕이 된다. 목회자는 '주의 종'으로서 하나님과 직접 연결된 것 같은 이미지를 형성하고, 하나님의 말씀을 '대언'하는 자로서 목회자의 말이 곧 '하나님의 말씀'이 된다. 신약의 시대에서 다시 구약으로 회귀하는 것과 같은 역행적 현상이 나타나는 것이다.

        이는 마치 사사시대를 거쳐 사무엘 시대에 왕을 구했던 이스라엘 백성들의 모습과도 닮아있다. 사무엘은 이스라엘 백성들 사이에 왕을 세우기를 원하지 않았다. 이스라엘 백성들은 인간적 군주의 통치를 받지 않고, 하나님의 언약을 통해 직접적인 인도하심을 받도록 많은 민족 가운데 하나님의 역사하심에 대한 표상으로 선택된 자들이었기 때문이다. 그렇기에 그들은 인간적인 왕을 구할 필요가 없었다. 그들에게는 하나님만이 왕이었고, 그것으로 충분했다. 그럼에도 불구하고 이스라엘 백성은 끊임없이 왕을 구했고, 하나님은 사무엘에게 다음과 같이 말씀했다.

여호와께서 사무엘에게 이르시되 백성이 네게 한 말을
다 들으라 이는 그들이 너를 버림이 아니요 나를 버려 자
기들의 왕이 되지 못하게 함이니라 내가 그들을 애굽에
서 인도하여 낸 날부터 오늘까지 그들이 모든 행사로 나
를 버리고 다른 신들을 섬김같이 네게도 그리하는도다
사무엘상 8:7-8

　　안타깝게도 동일한 역사가 한국교회의 역사 속에서
반복되었다. 성도들은 강력한 카리스마적 리더십을 가진 지도
자를 원했고, 왕이 되어 모든 것을 대신 결정하고 인도해줄 존
재가 필요했다. 이러한 자발적인 형태의 아래로부터의 복종
과 함께 왕권적 권위를 가진 강력한 목회자는 교회 안에서 더
욱 영향력을 확장하며 군림할 수 있었다. 특히 세습의 경우 원
로 목사가 개척하여 대형교회가 되기까지 매우 핵심적인 역할
을 해왔다는 점에서 교회의 모든 중대사를 결정할 수 있는 권
한, '오너십ownership'을 가지는 구조 속에서 일어난다. 이때 유
형의 건물이나 재산으로서든, 무형의 영적이고 문화적인 형태
로서든 교회는 '코이노니아'의 공동체적인 것으로서보다 개인
에게 귀속되는 것으로 인식된다.

세계에서 유례를 찾아보기 어려운 '재벌'이라는 독특한 기업문화가 한국에 존재하는 것 역시 이러한 문화적, 역사적 맥락 속에서 가능했던 것일 수 있다. 창업주가 작은 구멍가게부터 시작해서 다양한 분야로 영역을 확장해가며 손꼽히는 거대 기업으로 성장하기까지의 성공 스토리에 우리는 매우 익숙하다. 그리고 그렇게 형성된 기업은 구성원들과 함께 이익을 공유하고 공동소유로서 함께 방향성을 결정하고 발전해가기보다는, 창업주와 그 일가의 자산으로서 사적 소유물의 성격을 띤다. 그 안에서 창업주는 봉건 영주와 같이 자신만의 왕국을 이루고, 그 밭을 일구는 농노들은 노동력을 제공하고 그에 대한 얼마간의 보상은 받되 소유권은 주장할 수 없는 것과 같은 구조다. 왕국은 당연히 혈통에 따른 '승계' 원칙에 따라 영주의 아들에게 넘겨진다. 아무도 이에 이의를 제기하지 않으며, 제기할 수 없다. 그렇게 하는 것이 너무나 당연하고 자연스러운 일이기 때문이다. 중세적 승계의 역사는 한국의 재벌가와 교회에서 그대로 반복되었고, 반복되고 있다.

이 시점에서 왕을 구하는 것이 혹시 한민족의 민족적 특성 혹은 정서와 연관되는 것은 아닌가 하는 질문을 던지게 된다. 비단 한국교회와 재벌뿐만 아니라 북한에서도 김일성 일가에 의한 3대 세습이 일어났고, 세계에서 자신을 예수라고 주장하는 사람이 제일 많은 곳이 한국이기 때문이다.

한국교회의 독점적인 권력구조와 세습체계는 역설적이게도 그들이 제일 적대시하는 북한의 김일성-김정일-김정은 일가와 닮은꼴이다. 이들이 이렇게 권력의 독점과 다양성 제거, 카리스마적 권위를 강조하는 것은 공통적으로 유교적 문화에 기인한 것일 수 있다. 교회는 기독교와 자본주의[27]를 바탕에 두었고, 반대로 북한 권력층은 유물론과 공산주의에 기반을 두었다. 그렇기에 표면적으로는 매우 반대되는 지향점을 갖는 것처럼 보인다. 그러나 실상 기독교와 공산주의 모두 서구사회로부터 새롭게 유입된 사상이었기 때문에 그것을 이해하고 받아들이는 깊이는 깊지 않았다. 그런 가운데 북한과 한국교회 양쪽 모두 유교적 전통에 기반하여 자신들의 정당성과 권위를 세워가면서 매우 유사한 모습을 보였다.

북한에서는 주체사상과 유일체계를 확립하는 과정에서 유교적 가부장제의 가족 개념을 차용하여 아버지로서의 국가, 어머니로서의 당을 강조하면서 인민들의 충성을 요구하였으며, 수령을 충효의 대상으로 부각시켰다.[28] 김일성 일가는 기독교적 뿌리를 갖고 있었고, 북한 건립 시기부터 십계명과 유사성을 보이는 10대 원칙을 비롯하여 여러 가지 면에서 기독교적 교리를 변환시킨 부분이 많았다.[29] 이 시기 한국교회에서는 목회자가 영적 아버지, 주의 종으로서 신권적 권위를 가진 존재로 인식되었다. 유교적 위계질서가 교회 안에서 재현되며 부모의 뜻을 거스르지 않는 충효의 미덕이 목회자를 향하여 발현되었다.

한편 한국은 세계 여러 국가와 견주어도 기독교인과 교회의 수가 가장 많고 기독교가 활발한 활동을 펼치며 영향력을 미치는 나라다. 동시에 통일교, JMS, 신천지와 같은 이단이 가장 많이 나타나고 왕성하게 활동하는 곳 역시 한국이다. 그리고 이들은 이제 한국을 넘어 세계 곳곳까지 포교 영역을 확장하고 있다.

그 지향점과 성격, 모습은 모두 매우 다르지만 다양한 문제를 경험하고 있는 한국교회와 재벌, 북한 정권, 이단에서 공통적으로 발견할 수 있는 것은 대중 위에 군림하는 신적인 권위를 가지는 강력한 지도자가 존재하며, 그를 중심으로 조직이 운영되고 결속된다는 것이다. 왕권적 권위를 가진 절대자가 지배하는 조직에서 다양성은 존재할 수 없다. 왕의 권위에 도전하거나 왕의 명령을 거역하는 것은 반역을 의미하기 때문이다. 모든 생각과 결정은 오직 왕만이 할 수 있다. 군중은 아무 생각할 필요가 없으며, 해서도 안 된다. 군중이 무지하고 문제의식이 없을수록 통치는 더욱 쉬워진다.

그런 면에서 한국교회는 성도들이 많은 생각을 하거나 질문을 하도록 허용하지 않았고, '순종'과 '헌신'을 강조 혹은 강요한다. '아니오'라는 말은 그들의 사전에 존재하지 않으며, 다름의 표현은 불순종으로 오인될 때가 많다. 때때로 그런 생각들이 수면 위에 드러나거나 교회 안에서 목소리를 낼 때면 '사탄의 목소리' 혹은 '이단'이라는 오명을 쓰고 공동체로부터 배척당한다. 강력한 왕권 유지를 위해 비판 또는 반대하는 세력들은 추방되거나 중요한 의사결정을 위한 요직으로부터 배제된다. 그렇게 교회 안에는 점점 하나의 목소리만 존재하게 되고, 견제와 균형을 위한 시스템은 전무해진다. 왕의 주변에는 절대적인 충성을 요구하며 이익을 얻는 자들, 아무런 문제를 인지하지 못하는 대다수 군중, 문제를 인식하지만 학습된 무기력으로 말하지 않기로 선택한 자들, 혹은 말하지 않기를 강요받은 자들만이 남는다. 건강한 공동체를 위해 잘못된 것을 지적하고 바로잡고자 하는 사람들은 대부분 끝까지 견디지 못하고 교회를 떠난다.

그리고 이들이 떠나간 쓸쓸한 무대 위에서는 왕관을 물려주고 물려받는 아버지와 아들의 성대한 대관식이 치러진다. 다른 어떤 권위도 인정하지 않고 스스로 황제의 관을 썼던 나폴레옹과 같은 모습으로 말이다.

후광을 입은 왕의 아들들

'후광효과halo effect'는 대상의 속성 중 특정 부분이 지나치게 부각되어 다른 속성들은 무시하는 인지적 오류를 지칭하는 심리학 개념이다. 목회자나 교회의 긍정적인 속성이 매우 강조되고, 교인들이 그것에 대한 강렬한 인상을 갖는 경우 교인들은 그와 다른 세부적인 특징이 나타나더라도 이를 무시하고 기존 입장을 고수한다. 세습이 일어나는 교회의 경우 대부분 아버지 목사는 창업주로서 지식이 미천하고 가진 것이 없는 상태에서 작은 개척교회로부터 시작하여 하나님이 복 주셔서 이만큼 성장하고 부흥하는 교회가 되었다는 성공 신화를 가지고 있다. 그는 근면 성실하며 범접할 수 없는 카리스마를 가진 영적 거장, 정신적 지주로서 교인들에게 가히 신적이라 할만한 절대적 인물로 각인된다.

반면 교회를 물려받는 2세대 목사[30)]의 경우 아버지와 같은 성공 신화를 통한 존경과 경외심을 갖기는 어렵다. 장자로서의 혈통적 이점 외에는 왕좌를 이어받기 위한 정당한 명분이나

지도자로서 존경받기 위한 핵심적인 요소가 부족하다. 그래서 아들 목사혹은 혈연적 세습이 아닌 경우 후대 리더십의 자리에 취임하는 목사의 경우 해외에서 학사, 석사, 박사를 모두 마치고 이름만 대면 알만한 유명 대학의 사외이사직 혹은 국내외 유명 기독교 재단, 학교의 이사장직 등의 타이틀을 따는 것을 볼 수 있다. 이런 타이틀이 의미하는 바는 그들이 이렇게 크고 훌륭한 교회, 그동안 원로 목사와 교인들이 정성스럽게 성장시켜온 교회를 이어받고 이끌어 나가기에 충분한 재목임을 입증하는 자격을 갖고 있다는 것이다. "그 정도 대학을 나왔으면…", "그 정도 배웠으면…", "그런 자리를 맡을 정도면…"이라는 안심과 신뢰를 교인들에게 심어주는 것이다. 왕좌를 이어받을 자격에 대한 심사를 이미 마쳤고, 충분히 믿고 따라도 될, 새로운 왕으로 추대되기에 충분한 인물임이 검증된 것이다. 교인들로서는 이러한 검증 과정이 본인들이 해야 할 심사의 수고와 부담을 덜어준 것이니 여간 고맙고 편한 일이 아닐 수 없다.

이러한 세습 과정은 북한의 김정일과 김정은이 권력을 이어받는 과정과도 매우 닮아있다. 항일투쟁의 전면에 나서고 미제와의 전쟁을 거쳐 사회주의 혁명을 이룩한 건국의 아버지로서의 위상을 가지고 있는 김일성에 비해 직접적으로 쌓아온 업적이나 내세울 것이 없었던 김정일은 주체사상을 새롭게 정리하고 이론화하는 것으로서 자신의 능력과 권위를 세우고자 했다. 또, 영화와 예술 분야를 통해 주체사상을 효과적으로 선전하고 입지를 굳혀나갔다. 김정은의 경우 집권 초기 김일성과 닮은 외모를 통하여 인민들의 마음에 향수를 불러일으키고 김일성과 자신의 이미지를 동일시하기 위해 노력했다. 또, 과학기술과 경제발전을 강조하며 새로운 강성대국을 이룩해 갈 것임을 천명함으로써 자신의 능력과 역량을 강조하고, 차별점을 두고자 하였다.

아버지 세대로 볼 수 있는 1세대들이 가지고 있는 개척자, 건국자로서의 이미지를 가질 수 없는 후세대들은 활동력과 실행력은 갖추었지만 세련된 교양이나 지식은 갖추지 못했던 아버지 세대의 빈틈을 공략하였다. 그리고 그 전술은 대중들에게 성공적으로 작동하였다. 2세대 목회자들은 매너 있고 기품이 넘치며, 우아한 학식과 고상함이 뚝뚝 묻어나는 인물인 경우가 많다. 어렵고 배곯던 보릿고개 시절을 지나 경제적, 지적, 영적으로 풍요로워진 오늘날 교인들의 입맛을 사로잡기 충분할 정도로 매력적인 속성들을 지녔다. 교인들로서는 보암직도 하고, 다양한 타이틀을 통해 이미 실력과 인품도 어느 정도 인증된, 그리고 옛날 옛적 왕자 시절부터 이미 익숙하게 보아온 이들을 새로운 왕으로 맞이하지 않을 이유가 없다.

이들은 여러 면에서 이미 오랜 연습생 기간을 거쳐 잘 훈련된 기획사의 '아이돌'과도 흡사하다. 아들을 왕좌에 앉히기 위해 가장 효과적인 전략이 무엇일지 오랜 기간 고민하고 실행에 옮긴 선대 왕들의 영민함이 엿보이는 부분이다.

한편 영화 ≪화이트 타이거White Tiger, 2021≫의 등장인물인 '아쇽'을 통해 우리는 상속자들의 심리, 내적 변화과정을 조금이나마 유추해볼 수 있다. 이 영화는 인도판 ≪기생충2019≫ 혹은 ≪설국열차2013≫와 같은 인상을 주며 인도 내에서 존재하는 계급적 차별과 착취적, 억압적 사회구조를 고발한다. 주인공인 '발람'은 최하층 빈민 가정에서 태어나 지주 가족의 운전기사로 취직한다. 처음에는 순진하고 충성스럽기 그지없던 그가 지배계층의 불의하고 부정한 부의 축적 과정을 지속적으로 목격하면서 마침내는 자신도 그러한 방법을 통해 새로운 부유층, 지배계층의 상위에 도달한다. 그러나 우리가 이 영화에서 주인공 '발람'만큼이나 중요하게 살펴볼 인물은 바로 지주의 아들로서 발람이 모셨던 '아쇽'이다.

아쇽은 지주의 막내아들로서 미국 유학을 다녀온 인물이다. 서구세계의 문화와 지식을 경험하고 체득했기에 다시 인도로 돌아온 그의 사고방식과 행동은 전통적 사고와 행동양식을 고수하는 아버지나 형과는 매우 다르다. 하인들을 무시하고 억압하는 데 익숙한 가족들의 언행에 아쇽은 불편함을 느끼고, 정당한 대우와 보상을 해줄 것을 주장한다. 또, 발람을 인간적으로 대우하며 그를 단순히 하인 혹은 아랫사람이 아닌 파트너십을 맺은 계약의 주체로 대하고자 한다. 일적 관계를 넘어 정서적 교류를 나누는 모습을 보이기도 하고, IT나 아웃소싱과 같은 새로운 기술과 기회를 소개하며 발람이 더 넓은 세상에 눈뜨도록 도와준다.

그러나 아쇽과 인도계 미국인 출신인 그의 아내는 자신들이 감당할 수 없는 상황을 마주하게 되고, 가족들이 발람을 희생양 삼기로 했을 때 그는 이를 묵인하고 방관한다. 발람의 편에 있는 것 같았던 그가 결정적인 순간에 뒤로 물러난 것이다. 그는 자신의 안위를 위해 비겁함을 선택했다. 그는 결국 '온실 속에서 곱게 자란 도련님'에 지나지 않았다. 이후 그는 아버지의 왕국이 부강해질 수 있었던 비결인 불의와 부정을 몸에 익히며 왕국의 확장에 기여하고 상속자로서의 준비를 이어간다. 발람에게도 자신의 기분이나 이해관계에 따라 이따금씩 이전에 보이지 않았던 비인간적이고 모욕적인 언행을 하며 자신의 정체성을 점점 '인도인'으로서 규정짓고, 자기합리화를 이어간다.

아버지의 뒤를 이어 왕좌에 앉기로 결심하는 왕자 중에도 아쇽과 같이 처음에는 그럴 마음이 없었거나, 적어도 자신은 좀 다른 사람이고자 했던 인물들이 있을 수 있다. 그러나 결국 그들이 아버지의 왕국을 물려받기로 하는 데는 아쇽과 같이 아버지에게 진 빚이 너무 커서, 아버지의 권위가 너무 막강하고 자신의 존재감은 너무 미미해서 자기주장을 할 수 없었던 속내가 있을 수도 있다. 아쇽이 그러했듯 자신은 너무 나약하고 무기력해서 문제를 스스로 해결할 수 없고, 상황을 바꿀 힘이 없다고 느끼고 수동적으로 주어진 상황을 그냥 받아들이기로 한 것일 수도 있다. 또는 아쇽이 점차 변해갔던 것처럼 자신이 가진 권력과 재물 등을 어떻게 활용하고, 그것을 통해 더 큰 부와 명예를 창출할 수 있는지 학습하면서 자신의 정체성을 바꿔나가는 경험을 했을지도 모를 일이다.

이들이 어떤 과정을 거쳤든 분명한 것은 그들은 성공적으로 변모했고, 처음에는 억지 춘향이처럼 마지못해 쓴 관이었든 자발적으로 쌍수를 들고 환영했던 관이었든 왕국의 새로운 주인으로서 성공적으로 자리 잡아가고 있다는 것이다. 이들은 다른 세계의 문화와 지식을 경험했고 배울 만큼 배워 옳고 그름이 무엇인지 분별할 줄 알며, 발람에게 주어져야 하는 정당한 대우가 어떤 것인지 안다는 점에서 어쩌면 더 잔인한 지주라고도 볼 수 있다. '어떻게 해야 하는가', '무엇이 정의인가'를 알면서도 행하지 않기 때문이다. 아숙의 형과 아버지는 적어도 발람에게 '언젠가는 자신을 인간적으로 대해줄 것'이라거나 '우리는 단순한 계약관계 이상의 정서적 친밀감을 나누는 관계'라는 헛된 희망을 심어주지는 않았다. 그런 면에서 발람에게 일말의 기대감을 심어주었던 아숙의 행위는 희망 고문이었고, 결과적으로 그는 다른 그 어떤 상전들보다 잔인한 지주로 기억되었을지도 모른다.

4.

견고한 성, 혹은 외딴 섬이 된 교회
: 성장중심주의와 맘모니즘,
율법주의와 선민의식,
가부장적 남성우월주의에 갇혀버린 교회

교회 안의 성장중심주의와 맘모니즘

오늘날 한국에는 수많은 교회가 존재한다. 어스름이 짙게 깔린 밤에도 어디서든 어렵지 않게 십자가 불빛을 발견할 수 있다. 19세기 후반까지만 해도 복음의 불모지였던 한국에 이렇게 많은 교회가 생긴 것은 영적 축복이라고 볼 수도 있다. 그러나 한 집 걸러 한 집꼴로 교회가 있는 이 시대를 살아가는 우리는, 그렇게 많은 교회의 수가 과연 무엇을 의미하는 것인지 곰곰이 생각해 볼 필요가 있다. 또한 교회의 수만큼이나 많은 교인 수를 자랑하는 대형교회들이 한국에 유난히 많다는 사실과 관련하여, 그 기저에는 무엇이 자리 잡고 있는지 자문해봐야 한다.

세간을 떠들썩하게 했던 한 대형교회의 세습을 보도하면서 한 언론인은 다음과 같은 인용구를 활용하였다.

미국 상원의 채플 목사였던 리처드 핼버슨 목사는 이렇게 말했습니다.

"교회는 그리스로 이동해 철학이 되었고, 로마로 옮겨가서는 제도가 되었다. 그다음에 유럽으로 가서 문화가 되었다. 마침내 미국으로 왔을 때. 교회는 기업이 되었다."

그리고 대형교회의 세습을 비판한 영화 '쿼바디스'의 김재환 감독은 이렇게 덧붙입니다.

"교회는 한국으로 와서는 대기업이 되었다."[31]

한국전쟁 이후 전후 복구와 산업화 과정에서 빠른 경제성장을 추구하면서 양적 성장과 풍요로운 삶은 한국 사회를 지배하는 가장 중요한 가치가 되었고, 이는 교회에서도 예외가 아니었다. 급속도로 성장하는 교세와 함께 교회의 양적 부흥, 큰 교회로의 성장은 영적 부흥과 함께 목회자의 유능함을 입증하는 가장 중요한 지표가 되었다. 서울에는 2000년 기준 세계에서 가장 큰 50개의 대형교회 중 23개가 위치하는 것으로 나타났다.[32] 2015년 7월 30일 리더십네트워크와 하트포드종교

연구소가 발표한 '전 세계 대형교회 현황'출석 교인 2,000명 이상 기준에 서는 대형교회 주일 예배 참석자가 가장 많은 10대 도시 1위 에 매주 825,000명이 참석하는 것으로 집계된 서울이 선정됐 다. 안양은 75,000명으로 7위를 기록했다.[33] '메가처치mega church'로 불리는 이들 대형교회는 여느 대기업 못지않은 인원 수와 화려한 성전, 체계적인 시스템을 자랑한다. 편안하고 안 락한 교회시설과 예배뿐만 아니라 성도들의 문화적 욕구를 충 족시키는 다양한 이벤트는 더 많은 사람의 발걸음을 이끌기에 충분하다. 이러한 현상은 기독교가 하나의 문화상품으로 자리 잡고, 기독교 문화상품을 소비하는 것이 신앙생활의 중요한 부분으로 간주되며 그러한 상품을 적절히 제공해주는 교회가 좋은 교회로 인식되는 신앙 소비주의와도 맞닿아있다.[34] 신앙 소비주의가 교회 안에 자리를 잡으면서 신자들은 소비자로, 목회자들은 종교 상품을 제공해주는 사람으로 변질되는 일이 많아졌다.[35]

1990년대까지 이어진 교회의 부흥과 성장, 대형교회의 등장 과 관련하여 하나님의 축복으로 해석하는 것이 그동안 한국교 회의 일반적인 시각이었다. 그러나 이것을 단순히 축복으로만 볼 수 있을지는 의문이다.

목회자들은 신학대학원을 졸업하고 일정 기간 전도사, 부목사로서 기존 교회에서 인턴십과 같은 기간을 거친 후 자신의 교회를 개척하거나 타교회로 청빙 받아 가는 것이 보편적이다. 특히 많은 목회자가 교회를 개척하고, 처음에는 상가건물 등을 빌려서 예배를 드리다가 어느 정도 교인이 증가하면 교회를 짓는다. 건축을 위해 특별헌금을 걷고, 성도들은 십시일반 감당할 수 있을 만큼 혹은 그 이상으로 큰 경제적 부담을 감수하면서 건축에 동참한다. 교회 건축이 반드시 필요한 것인지, 그 시기는 언제가 좋을지 교회 안에서 공청회를 갖거나 교인들과의 상의를 통해 결정하는 경우는 드물다. 교회를 개척하는 주체가 목회자였듯이, 많은 경우 건축 여부나 시기 등을 결정하는 주체도 목회자다. 이런 경향의 저변에는 목회자로서 성공하고 능력을 입증하고자 하는 욕망, '입신양명'의 전통적이고 유교적인 사고방식이 자리하고 있다.[36] 목회자가 단독으로 결정하는 경우가 아니라도 교회를 양적, 외연적으로 성장시키는 데 치중하는 것은 마찬가지다.

한국에서의 '교회'는 외적으로 보이는 신도 수, 건물, 예산과 같은 숫자에 갇혀버리는 경향이 강하다. '교회'를 세우는 것이 더 많은 사람을 전도하여 교인 수를 늘리고 교회 건물을 세우는 것과 등치되는 것이다. 진정한 교회는 건물이나 시스템, 보이는 것에 있는 것이 아니라 성령이 내주하는 그리스도의 몸 된 지체로서 교회가 되는 각 개인 성도를 의미하는 것이다. 그럼에도 불구하고 한국교회는 '교회'에 대한 잘못된 이해와 함께 성장중심주의에 매몰되어 더 크고 화려한 교회를 지향하고 있다. 그리하여 정작 가장 중요하게 세워야 할 교회인 각 성도의 영적 성장과 그를 통한 복음의 전파, 제자도discipleship 함양을 통한 세상으로의 전파, 지상명령 실행에 집중하기보다는 더 크고 견고한 성으로서 교회를 쌓는 데만 치중하는 모습을 보인다.

　　규모가 커진 교회는 신앙 공동체로서의 기능뿐만 아니라 거대한 경제주체, 기업과 같은 역할을 하면서 이익 창출을 위한 다양한 비즈니스 모델들을 파생한다. 지주사로서의 교회가 병원, 학교, 자선단체, 언론사, 각 지역의 지교회, 교도소 등 다양한 계열사들을 거느리며 거대한 유기체로서 기능한다. 물론 이런 시설들은 지역사회에 봉사하고 선교 도구가 된다는 명분을 가지며, 실제로 그러한 순기능을 하기도 한다. 그러나 이러한 활동을 통해 경제적 이익이 전혀 발생하지 않는다고 보기는 어려울 것이며, 발생한 잉여 재정들이 어떻게 사용되고 관리되는지는 소수의 내부 관리자들을 제외한 대부분의 교인 혹은 일반인들로서는 알기가 어렵다. 교회의 활동 영역이 확장되는 과정에서 교인들의 헌금을 기반으로 한 투자자본이 활용될 터인데 그 재정이 흘러가고 사용되는 과정, 그로 인해 발생한 손익은 교회공동체 전체로서 공유되지 않는 것이다. 투명성과 건전성이 확보되지 않은 상태에서 엄청난 규모의 재정이 움직인다. 대형교회에서 나타나는 많은 문제점과 사회적 비난의 원인에는 거대하게 성장한 규모와는 상반되게 소수의 내부자끼리만 공유되는 중요 정보들과 투명하지 않은 재정관리 등이 가장 주요하게 자리 잡고 있다.

교회 안의 선민의식과 시대정신의 부재

오늘날 한국교회 안에서 나타나는 경향성 중 또 하나는 스스로를 특별하게 여기는 '선민의식'이다. 구약 시대에 이스라엘 민족들은 열방 가운데 하나님의 인도하심과 언약의 성취를 보여주는 표상으로 선택받았고, 그들의 역사는 곧 구원과 구속의 기록이 되었다. 그러나 이스라엘 민족이 선택받은 것은 그들의 공로나 의로 인함이 아니었고, 아브라함이 히브리서에서 믿음의 사람으로 기록되었을지언정 그 후세대로서 이스라엘 민족들은 애굽에서의 노예 생활, 출애굽, 광야, 가나안 입성, 이스라엘과 유다 왕국에 이르기까지 역사 속에서 불순종하고 불평하는 모습을 더 많이 보였다. 그럼에도 그들은 자신들이 '선택받은' 민족이라는 자부심이 있었고, '특별한', '구별된' 민족이라는 생각을 뿌리 깊이 갖고 있었다.

실제로 이스라엘 민족은 율법에 기록된 대로 생활 곳곳에서 자신들을 정결하게 하며 부정한 것으로부터 스스로를 구별하고자 하였다. 그러나 이들은 점차 율법주의와 자신들과 다른 민족들을 구분하는 선민의식에 빠졌다. 그리하여 우리가 잘 아는 '선한 사마리아인' 이야기가 등장하게 된다. 이방 민족과의 결혼을 통해 탄생한 사마리아인들은 유대인들에게는 결코 함께 할 수 없는 존재들이었고, 그 땅을 지나가는 것조차 금기시되었다. 그러나 예수는 이 비유를 통해 자아와 타자를 구분하며 스스로를 깨끗하다고 여기는 유대인들에게 '진정한 이웃 사랑'과 그것을 향한 하나님의 뜻이 무엇인지 생각해보게끔 하고, 그들의 편협한 세계관을 지적하였다. 그 외에도 다양한 말씀을 통하여 예수는 스스로를 의롭고 옳으며 거룩하게 여기는 유대인들과 바리새인들을 비판하였다. 신앙과 삶 사이의 괴리를 보이며 자신들이 속한 공동체의 테두리 이상을 벗어나지 못하는 그들의 이중적 세계관에 정면으로 도전한 것이다.

예수의 죽음을 통해 성소의 휘장이 갈라지고, 만인이

대제사장이 되어 예수 그리스도를 통해 성부 하나님에게 직접 연결될 수 있는 획기적인 변화가 일어나며 이방인에게도 복음을 통한 구원이 약속된 신약시대에는 이방인과 유대인 사이의 차이가 무의미해졌다. 육체적인 할례가 믿음의 증표가 아닌, 마음의 할례가 믿는 자로서의 증표가 되는 새로운 시대가 도래했기 때문이다. 그렇기에 예수 이후의 시대에는 더 이상 출생을 통한 신분의 차이, 즉 유대인인지 이방인인지는 중요한 문제가 아니었다. 예수를 구주로 영접하는지가 가장 중요한 기준이 되었고, 예수를 믿는 자는 누구나 하나님의 왕국에 함께 할 수 있게 되었다. 신약시대에 이르러 우리는 더 포용적이고 자유로운 사랑과 구원의 약속 안으로 걸어갈 수 있게 된 것이다.

그러나 이러한 사랑은 비단 신약시대에만 한정된 것으로 볼 수 없다. 이스라엘 민족을 통하여 하나님의 역사가 상징적으로 예표 되기는 했지만, 구약 성경에서 이스라엘을 택한 것은 그들만을 구원하겠다는 하나님의 의지를 보여주는 것이 아닌, 그들을 '통하여' 모든 민족이 하나님을 알고 하나님께로 돌아와 구원을 얻게 하려는 의도에서 비롯된 것이기 때문이다. 또한 구약 시대에도 하나님의 말씀을 믿고 따르는 사람들에게는 그것을 감추지 않고 함께 나누었다.

솔로몬왕 시대에 시바의 여왕은 그를 만나기 위해 8,000킬로미터나 되는 길을 찾아와 지혜와 지식의 말씀을 들었다. 구약 시대에도 하나님의 말씀을 사모하는 이방인들에게는 복음이 감춰진 것, 이스라엘 민족들에게만 접근 가능한 것이 아니었다. 비록 이방인들에게 하나님의 말씀을 들을 수 있는 접근성이 떨어지는 것은 사실이었지만, 복음을 접하고 그것을 알고자 할 때 하나님이 그것을 막고 이스라엘 민족들만이 배타적으로 하나님을 알 수 있도록 한 것은 아니라는 것이다. 또한 모세가 노예 생활하던 이스라엘 민족을 출애굽 시킬 당시 출애굽기 12:38을 보면 '여러 혼합 민족들'이 그들과 함께했다고 기록되어 있는 것을 볼 수 있다.[38] 이를 통해 출애굽 당시 이스라엘 민족뿐만 아니라 다른 민족들도 그들과 함께했으며, 이스라엘의 열두 지파처럼 분배받을 땅, 즉 분깃을 받지는 않았으나 약속의 땅에 함께 입성하는 특권을 누렸으리라고 추정해볼 수 있다. 혈통적으로 이스라엘 민족은 아니었으나 하나님의 말씀을 믿고 순종하기로 한 사람들에게는 약속에 참여할 기회가 주어진 것이다. 또한 여호수아 2장과 6장에서 이방 민족이었던 라합이 이스라엘 민족을 돕고 그와 그 집이 구원받고 예수의 계보에 참여하게 되는 것 역시 구약 시대에도 하나님을 믿고 따르는 이방인들에게 그 약속에 참여하는 기회가 주어졌음을 보여주는 사례다. 이방 여인으로서 나오미를 따라 믿음으로 이스라엘 땅에 오고 보아스와 결혼하여 예수의 계보에 이름이 기록된 룻 역시 유사한 사례다.

또, 구약 시대에 이스라엘 민족 중에 거했던 외국인 중 정치, 경제, 사회적 이유로 본국을 떠나 이스라엘 민족의 일원으로 정착하여 살며 종교적으로도 야훼를 따라 살기 원하는 이주민들은 게르ger라고 칭하며 사회적 약자로서 보호 조치가 이루어졌다. 이들은 이스라엘의 언약 공동체로서 인정되었고, 공동체로부터 보호와 배려를 받았다. 물론 모든 외국인이 이러한 대우를 받은 것은 아니었다. 외국인 중에서 잠시 이주하여 이스라엘 민족의 종교나 법도를 따르지 않는 사람들은 노크리nokri로서 공동체적 보호나 배려의 대상에서 제외되었다.[39] 구약 시대에 이방인들의 법도나 종교, 생활양식이 이스라엘이 신앙과 법도를 지키는 데 걸림돌로 작용하는 경우가 있었기 때문에 이러한 부분에 대해서는 명확한 구분과 경계, 주의가 필요했다. 그러나 중요한 것은 이것이 이방인에 대한 '배제'와 '배타적 태도' 자체를 목적으로 하는 것이 아니었으며, 이방인이라도 하나님을 알며 따르고자 하는 사람들에게는 포용적인 관점을 보였다는 것이다.

반대로 출생순위에 따라 장자권을 가졌던 에서는 그것을 경홀히 여기고 야곱에게 넘김으로써 축복을 받지 못하고 말씀대로 살지 않고 이방 여인과 결혼하여 그 부모를 근심하게 하였다. 이는 장자로 태어났다고 해서 반드시 그 권리를 누릴 수 있음을 의미하지는 않는다는 것을 우리에게 상기시킨다. 마찬가지로 아담과 하와의 첫아들이었던 가인 역시 하나님께 합당하지 않은 제사를 드려 열납 되지 않았을 뿐만 아니라 동생인 아벨을 죽이고 인류 최초의 살인자로 기록되는 불명예를 안는다. 신명기 9:5[40]에서는 이스라엘이 땅을 얻는 것이 그들의 의로움이 아닌 하나님과의 언약으로 인한 것임을 밝히고 있다. 따라서 그들이 땅을 얻고 하나님의 약속을 성취하게 되는 과정에서 그들은 특권의식이나 선민의식을 가질 하등의 근거를 가지지 못한다. 그들이 땅을 받는 것은 그들 조상과 하나님이 맺은 약속 때문이지, 자신들의 의로움이나 정직함으로 인함이 아니었기 때문이다. 또한 여호수아 7장에는 이스라엘 민족이었던 아간[41]이 하나님 앞에 죄를 짓고 나서 죄의 대가로 죽임당하는 것을 볼 수 있다. 그는 여리고 점령 후 하나님의 명령을 어기고 전리품 중 일부를 취하였다. 그리고 그로 인하여 이스라엘은 아이성 전투에서 패하고, 아간은 아골 골짜기에서 돌로 맞아 죽임당하는 최후를 맞는다. 이는 6장에서 여리고의 이방 민족이었던 라합이 이스라엘을 도움으로써 그와 그 집이 구원받는 것[42]과 대조를 이룬다.

이를 통하여 우리는 구약과 신약시대에 걸쳐 복음과 구원이 특정 집단이나 민족들에게만 선택적으로 주어지도록 계획된 것이 아니라는 사실을 알 수 있다. 그러나 많은 유대인과 유대의 종교 지도자인 바리새인들은 오직 이스라엘 민족만이 하나님을 알고 구원받을 수 있다고 믿었으며, 이방인들은 모두 부정하고 정결하지 못한 존재로 간주하였다. 그래서 이들은 예수가 이방인이나 여성들, 소외된 자들과 함께 할 때마다 끊임없이 문제를 제기하며 예수가 금기를 깨고 있는 것처럼 반응했다. 이들은 스스로 의로우며 흠이 없다고 여겼다. 그러나 예수는 이들의 생각을 정면으로 반박했으며, 행함이 없고 율법주의적 태도로 가득한 그들의 삶을 비판했다. 다른 영혼을 사랑하고 긍휼히 여기기보다는 율법주의적 관행에 사로잡혀 본말이 전도된 그들의 이중생활을 개탄해 마지않았다. 이러한 선민의식은 결국 그들에게 가장 큰 올무가 되어 예수를 메시야, 구원자로 인정하지 않고 구원으로부터 멀어지게 했다. 구약 시대부터 하나님의 선택을 받은 민족으로서 언약과 구속 역사의 증인이었던 유대인들이, 역설적으로 예수가 선물한 구원의 역사에는 가장 많이 참여하지 못하는 자들이 되었고, 메시야를 못 박은 사람들 역시 유대인 지도자들이었다.

오늘날 한국교회에서도 이러한 '선민의식'을 쉽게 찾아볼 수 있다. 대형교회일수록, 개교회만의 문화나 종교적 의식ritual이 많이 있을수록 이런 양상은 강하게 나타난다. 많은 교회에서 율법주의적인 신앙의 태도를 강조하며 교인들에게 개교회가 가진 독특한 문화나 신앙의 색채, 행위 등을 따를 것을 요구하며, 교인들 역시 큰 거부감 없이 따르면서 자신의 신앙이 성장 혹은 건강한 상태를 유지하기 위한 모든 행위를 하고 있다는 믿음, 안정감을 가진다. 그리고 교회에 대한 열렬한 충성심과 '우리 교회는 특별하다.'라는 자부심은 곧잘 개교회 중심주의, 선민의식으로 변질된다.

많은 교인이 자신들의 교회에 대한 열정이나 관심을 개교회의 경계 이상으로 확장 적용하지 못한다. 자신들이 구축한 문화와 행위에 천착하며 '소속한 개교회' 자체가 목적이 되어 개교회가 다른 교회 혹은 교단과 가지는 연결성, 사회와의 연대 의식과 같은 보다 넓은 범주에서의 책임감을 느끼지 못한다.

주일 설교 시간에는 우스갯소리처럼 "성도들이 예배

시간에 실컷 은혜받고 나와서 주차장에서 싸운다."라는 표현이 등장하고, 교회 세습 문제가 불거질 때 교인들은 "우리 교회는 선교와 봉사에 힘쓰는 교회다. 그동안 우리 교회가 얼마나 많은 하나님의 일들을 했는지 모른다. 우리 교회는 그동안 하나님이 복 주셔서 이만큼 성장할 수 있었다. 우리 교회에 우리가 좋다는 목사님을 모신다는데 왜 내부사정을 잘 알지도 못하는 외부 사람들이 감 놔라 배 놔라 하는지 모르겠다."라고 이야기한다. 한 교회의 문제가 다른 교회들과 노회, 총회, 교단, 한국 기독교계 전체와 나아가 비기독교인들, 사회에 미치는 영향에 대해서는 여전히 무지하거나 눈을 감은 채로 그것을 개교회의 문제로 축소, 국한하는 것이다. 이들에게 있어서 중요한 것은 언제나 '나' 혹은 내가 속한 '우리'이다. 이들에게 있어서 '우리'의 범주에 들어오지 않는 사람들은 관심의 대상이 아니다. 따라서 그들이 받을 영향이라든지 자신들의 문제를 통하여 타자들이 보게 될 신앙, 교회, 예수, 하나님의 모습은 큰 중요성을 갖지 않는다.

오늘날 많은 기독교인의 삶 깊숙이 신앙과 삶, 교회와 세상, 자아와 타아를 구분 짓고 분리하는 이중적 사고가 자리 잡고 있다. 개인의 신앙과 은혜, 자신이 속한 좁은 범위의 신앙 공동체의 번영과 안정, 풍요가 그 어떤 것보다 큰 가치를 가지는 우상이 된 것이다.

오늘날 교회는 과연 누구에게나 열려있는 개방적이고 포용적인 공동체인가, 자신들의 신앙적 성장과 은혜만 아닌 타인의 구원과 은혜에 대해서는 얼마나 관심을 보이는가, 개교회로서 '우리 교회'가 잘 되는 것 말고 지역사회와 공동체, 인류에는 얼마나 관심을 두고 있는가 자문해야 하는 이유가 바로 여기에 있다.

사회와의 연대감을 갖고 사회에 대한 책임을 지는 신앙 공동체로서 교회의 힘과 권위는 단순히 얼마나 많은 선교를 하고, 지역사회나 지역교회를 위해 얼마나 많은 물질적 헌신을 하고, 많은 선행을 했는지로부터 나오는 것이 아니다. 많은 기독교인이 이런 지표를 근거로 자부심을 느끼고 소속 교회의 정당성과 청렴함에 대한 증거로 삼고 있을지 모른다. 그러나 교회뿐 아니라 사회에서 요구하는 기본적인 원칙도 지키지 않는 상태에서 봉사와 선행이 과연 무슨 의미이며, 진정성을 가질 수 있는지 우리는 생각해보아야 한다. 많은 대형교회가 큰 교회로서 지역사회와 한국교회, 국가, 나아가 세계 선교를 위해 할 수 있는 사역과 헌신을 강조하며 스스로의 존재 이유를 찾고, 정당화한다. 그러나 한국교회의 맏형 역할, 혹은 지역과 국가에 크게 이바지하는 교회로서 역할을 강조하는 것과는 달리 세습을 비롯한 여러 문제가 불거질 때면 그 모든 문제를 개교회 내부의 문제로 축소하고 그것이 다른 교회공동체나 사회 전반에 미치는 영향력은 인정하지 않는 경향을 보인다. 이런 모순적인 태도는 '개교회 중심주의'에 빠진 한국교회와 교인들의 현주소를 잘 반영한다.

나의 영성, 나의 신앙, 나의 교회, 우리 교회를 사랑하는 마음 자체가 잘못된 것은 아닐지도 모른다. 그러나 나만 있고, 우리만 있는 신앙, 우리만 잘되고, 우리만 복 받고 은혜받으면 그만인 신앙이 과연 건강한 신앙의 자세인지 깊이 고민해볼 필요가 있다. 이렇게 자기중심적 태도를 가질 때 빠지기 쉬운 오류는 자신들에게 반대하거나 위협이 된다고 생각하는 타자에 대해서는 악마화하고, 자신들은 희생자라는 이분법적 사고다. 실제로 이는 일부 교회에서 목회자나 리더십을 가진 인물들이 교인들을 통제하고 조종하기 위한 전략으로 사용하고 있는 것이기도 하다. '우리'를 공격하는 외부의 '적'이 있다고 끊임없이 되뇜으로써 군중의 공포심리를 조성하면서 내부 결속을 다지는 것이다.

사회 속에서 교회의 위치와 역할을 평가해볼 때 또하나 생각해볼 지점은 '시대정신zeitgeist'에 관한 것이다. 어느 시대나 그렇겠지만 오늘 우리는 더욱더 사회와의 연결성 relevance, 연대 의식 없이는 공명을 주지 못하는 시대에 살고 있다. 비기독교인들이 기독교인들에게 기대하는 것은 어쩌면 이미 알고 있는 성경 말씀이나 교리 자체가 아닐지도 모른다. 오히려 수많은 교회가 있는 상황에서 우리는 영적 포화, 영적 과식 속에 살고 있다고도 볼 수 있다. 그렇기에 비기독교인들이 기독교인들이나 교회에 바라는 것은 단순한 가르침이나 외침이 아닌 말씀을 삶 속에서 살아내는 것, 사회의 요구와 시대 정신에 부응하고, 부합하는 공동체로서의 모습을 보여주는 것일지 모른다.

그러나 이미 교회 안의 많은 문제가 드러나고, 그것을 해결해가는 과정에서 본이 되지 못하는 모습을 보이면서 한국 사회에서 교회의 위상과 신뢰는 상당히 많이 추락한 상태다. 교회의 배타적이고 자기중심적인 태도는 코로나19 시기 동안 더욱 명확하게 드러났고, 많은 사람이 지역공동체와 이웃, 국가를 생각하지 않고 자신들의 신앙 혹은 모임만을 고집하는 일부 교회와 교인들의 모습에 실망했다. 물론 지역사회와 국가를 생각하며 방역 수칙을 지키고 모임을 자제하며 모범이 되기 위해 애쓴 교회들도 많았지만, 공예배를 비롯한 모임을 가지지 못하는 상황을 교회에 대한 '핍박' 혹은 '탄압'

으로 여기는 기독교인들과 교회들도 적지 않았다. 이것을 교회에 대한 핍박으로 볼 것인지 지역사회와 국가에 대한 협조와 사회 공동체의 성원으로서 책임을 다하는 행위로 볼 것인지는 이론이 존재할 수 있다. 그러나 설사 그것이 핍박이었다고 하더라도 '핍박'은 교회 역사의 일부였고, 오히려 핍박과 어려움이 있었을 때 교회가 더욱 부흥하고 성장했음을 상기했다면 이런 상황을 어떻게 받아들이고 반응해야 할지에 대해 조금 더 다른 답을 얻을 수 있었을지도 모른다.

　　　'주일'만을 위해 사는 목회자, '교회'만을 위해 사는 크리스천으로서 스스로를 규정할 때 우리가 이 세상에서 영향력을 미치는 데는 한계가 있다. 우리는 평일을 주일 성수하는 마음으로 지켜야 하고, 세상의 시대정신에 공감하는 삶을 살아야 한다. 그렇지 않으면 우리에게 주신 등불은 우리 안에서 그리고 세상을 향해 온전히 빛을 발할 수 없다. 언젠가 곧 말 아래 둔 등불처럼 꺼져버릴지 모를 일이다. 다행히 아직 꺼지지 않았다면 말이다.

교회 안의 남성우월주의와 가부장적 전통

한국교회 안에서 나타나는 또 다른 특징은 가부장적 남성의 역할과 권위가 매우 강조된다는 것이다. 카리스마적인 리더십이 크게 작동하는 교회에서는 목회자가 교회의 영적 아버지와 같은 위상을 차지한다. 교회는 가정으로, 목회자는 가부장적 가장의 이미지로서 인식되며 교회는 가족공동체와 같이 나름의 규범과 규칙에 의해 운영된다.

이러한 문화 속에서 리더십 역할은 대부분 남성의 몫이며, 여성 리더십은 부재하거나 그 비율과 영향력이 매우 미미하다. 대한예수교장로회 합동 등 몇몇 교단은 여성에게 안수를 허락하지 않으며, 한국교회 전반적으로 봤을 때 여성 리더십 비율이 한 자릿수에 불과하고 설교 기회와 동일 사역에 대한 임금 등에서 남녀 간에 많은 격차를 보인다.[43] 다행히 예장통합을 비롯해 기장, 감리회, 대한성공회, 기독교대한복음교회 등 '여성안수'를 시행하며 여성의 리더십 및 지위 향상을 위해 노력하고 있는 교단들이 있고, 몇몇 교단 총회에서 여성 지도력의 확대가 두드러졌다는 평가를 받기도 했다.[44]

그러나 여전히 한국교회 안에는 남성중심적 문화가 지배적이며, 여성 리더십은 제한적인 범위 안에 머물러 있다. 또한 주요 의사결정이나 교회의 대소사에 있어서 여성들의 목소리가 적극 반영되지 않으며, 설교 메시지 등을 통해 드러나는 여성에 대한 관점이 편파적이거나 왜곡된 경우가 많다는 문제점이 있다.

전통적으로 한국교회에서의 여성에 대한 관점은 남성을 돕는 역할, 앞에 적극적으로 나서서 무엇을 하기보다는 남성들의 뒤에서 조용히 내조하며 가정을 돌보는 아내, 아이들을 돌보고 기르는 양육자, 어머니의 역할이 강조되었다. 또, 교회에서는 리더 역할을 맡을 수 없고 리더들을 보필하며 순종하는 것이 미덕인 것처럼 여겨져 왔다. 이러한 여성상은 창세기에서 아담을 '돕는 배필'로서 하와의 역할, 골로새서와 에베소서에서의 '남편에게 복종하는 아내', 고린도전서에서 '교회 안에서 여성들이 취해야 할 태도'에 관한 말씀 등에 근거하여 여성의 역할을 해석한 것이다.

여호와 하나님이 가라사대 사람의 독처하는 것이 좋지 못하니 내가 그를 위하여 돕는 배필을 지으리라 하시니라. 창세기 2:18

아내들아 남편에게 복종하라 이는 주 안에서 마땅하니라 골로새서 3:18

그리스도를 경외함으로 피차 복종하라 아내들이여 자기 남편에게 복종하기를 주께 하듯 하라 이는 남편이 아내의 머리 됨이 그리스도께서 교회의 머리 됨과 같음이니 그가 친히 몸의 구주시니라 그러나 교회가 그리스도에게 하듯 아내들도 범사에 그 남편에게 복종할지니라 에베소서 5:21-24

모든 성도의 교회에서 함과 같이 여자는 교회에서 잠잠 하라 그들에게는 말하는 것을 허락함이 없나니 율법에 이른 것같이 오직 복종할 것이요 만일 무엇을 배우려거 든 집에서 자기 남편에게 물을지니 여자가 교회에서 말 하는 것은 부끄러운 것이라 고린도전서 14:34-35

그러나 이에 근거하여 여성들의 역할을 제한하고 가부장적 인 식과 문화 속에서 교회를 운영하는 것이 과연 성경적 관점에 부합하는 것인지 질문해 볼 필요가 있다.

　　　성경에는 시대, 문화 등과 관계없이 언제나 문자 그 대로 받아들이고 지켜야 할 절대 진리와 시대와 문맥, 문화 등 에 따라 해석과 적용을 달리할 수 있는 상대 진리가 존재한다. 또한 성경은 그것을 기록할 당시 수신인, 즉 그것을 읽는 대상 을 의미하는 원독자 original readers가 존재한다. 성경 각 권의 저 자들은 이 원독자를 대상으로 특정한 의도와 목적을 가지고 내용을 기록했기 때문에 오늘날 성경을 읽는 사람들은 그 당시의 시대적, 사회적, 상황적 맥락과 원독자, 저자에 대한 이해가 있는 상태에서 성경을 읽고 해석할 때 올바르고 건강하게 이해 및 적용할 수 있다.

창세기에서 '돕는 배필'로서의 하와에 대한 말씀에서 우리는 많은 경우 여성을 남성보다 못한 존재, 남성에게 종속적이고 남성들이 자신의 목표를 달성할 수 있도록 돕는 존재, 이용할 수 있는 존재, 부하나 하인과 같은 존재로 이해하는 오류를 범한다. 이는 돕는 배필helper의 정의에 대한 개념적 오해로부터 비롯된다. 그러나 돕는 배필helper의 히브리 어원을 살펴보면 우리는 이러한 생각이 잘못된 시각임을 알 수 있다. 히브리어로 '돕는 배필helper'은 '에제르 네게드ezer neged'이며, '에제르'는 힘power이나 자원source을 뜻하는 말로 주로 힘과 도움의 근원이 되는 하나님을 묘사할 때 사용되는 단어이다. '네게드'는 그를 마주 보는 사람이라는 의미로서 동등한 위치에 있는 파트너임을 뜻한다. 따라서 이에 비춰보면 여성이 결코 남성보다 열등하거나 종속적인 존재라고 할 수 없다. 힘과 도움의 근원으로서 하나님을 묘사하기 위해 사용했던 단어를 여성에 대하여 그대로 사용하고 있기 때문이다. 또, 하나님이 아담의 두

개골이나 발가락뼈가 아닌 갈비뼈를 취하여 하와를 만들었다는 사실은 남성 위에 군림하거나 남성에게 복종하는 여성으로서가 아닌 심장과 가장 가까이 위치한 갈비뼈를 통해 창조된, 남성과 동등한 위치에서 한 팀으로 에덴동산을 함께 다스리고 관리하는, 하나님의 비전을 이루는 공동체, 연합하는 존재로 창조되었음을 보여준다.[45]

한편 바울의 서신서에서 나타나는 여성에 대한 시각과 관련하여 미로슬라브 볼프Miroslav Volf는 『배제와 포용』에서 '여성'이라고 할 때 의미하는 바가 단순히 자연적으로 주어진 것이 아니라 문화적으로 구성된 개념이며, 남성들이 주체가 되어 여성성을 규정지어 왔다고 이야기한다.[46]

볼프는 남성과 여성이 평등하게 구원받았고 평등하게 성령으로 충만하며, 평등하게 보내심을 입었음을 강조하며 남녀 사이의 평등함을 역설하지만, 성 정체성과 차이에 관한 입장도 명확하게 밝힌다. 그는 하나님을 특정 성별만을 반영하는 존재로서 제한하거나 여성성과 남성성에 대한 고정관념을 정당화하는 데 사용해서는 안 된다고 주장한다. 그는 특정 성별에 특권을 부여하려는 시도를 거부하면서도 몸에서 나타나는 성 차이에 주목하면서 그것이 성 정체성의 내용이 아닌 근거로 작용한다고 하였다. 사회문화적으로 부여되는 성별에 의한 차별은 거부하지만 생물학적 차이에 따른 남녀의 차이는 인정하는 것이다. 그는 삼위일체의 질서 속에서 하나님을 모델로 하여 남성과 여성이 특정 문화적 맥락 속에서 남성성과 여성성에 대한 관념을 정의해갈 수 있다고 보았다. 즉, 삼위일체인 하나님의 질서를 성에 대한 정의와 정체성의 기반으로 두어야 하지만, 그러한 토대 위에서 남성성과 여성성에 대한 정의는 사회문화적 배경 속에서 유연한 형태로 변용될 수 있는 것이다.

볼프는 또한 창세기 1, 2장과 고린도전서 11:2~16, 에베소서 5:21~33과 관련하여 이 구절들이 남성에 대한 여성의 종속을 의미하는 것처럼 보일 수 있으나 그러한 관점은 당시의 문화적 맥락에 한정되는 것이라고 주장하며 갈라디아서 3:28 "남자나 여자나 다 그리스도 예수 안에서 하나이니라"라는 평등주의적 관점에서 이 구절들을 재해석한다. 그는 바울이 그리스도 안에서 '더 이상 남자도 여자도 없다'라고 주장했음을 지적하며 그리스도 안에서 지워지는[47] 것이 성으로 구별되는 몸이 아닌, 성과 관련된 문화적으로 코드화된 규범이라고 본다. 볼프는 역사 속에서 차별과 억압을 통해 순응을 강요받았던 여성들의 위치에 주목하며 여성들이 남성의 사회 안에서 이방인 같은 느낌을 받은 적이 많았다고 서술한다. 그리고 또한 남성과 여성 두 젠더를 하나로 종합하려고 하는 최근의 경향에 대해서도 반대하며 남성과 여성의 동질성을 거부하면서도 평등을 긍정하고, 여성을 남성에게 영속화하려는 사회적 관행에 저항해야 함을 역설한다.

이에 더해 볼프는 고린도전서 11:11~12에서 바울이 "남자 없이 여자만 있지 않고, 여자 없이 남자만 있지 아니하니라. 이는 여자가 남자에게서 난 것 같이 남자도 여자로 말미암아 났음이니라"라고 한 구절을 통해 바울이 앞선 구절인 고린도전서 11:8~9에서는 가부장적 문화에 따른 창조 위계에 대한 해석을 보이고 있으나 11절과 12절에서는 창조 안에서의 평등을 찾아내며 젠더 간 차이를 없애지 않으면서도 평등을 강조하고 있다고 보았다. 그리고 이를 통해 다른 한 존재가 없이는 다른 쪽도 존재할 수 없는 '상호의존성'을 이야기하며 남자와 여자가 서로 대립하지 않고 서로의 차이를 인정하면서도 상호적, 의존적, 포용적인 복합적인 정체성을 형성해야 한다고 주장하였다.

이러한 볼프의 시각을 통해 알 수 있는 것은 여성을 종속적이고 가부장적 문화 속에 귀속되는 존재처럼 묘사한 성경 말씀들을 당시의 문화적, 사회적 배경에 대한 이해 없이 오늘날 이 사회에 그대로 적용해서는 안 되며, 조화롭고 평등한 관계 속에서 역사하는 삼위일체 하나님의 본성과 낮은 자, 소외된 자들과 함께하며 '나'와 '너'를 구분하지 않고 포용과 사랑을 실천했던 예수의 삶의 태도를 오늘날 교회 안에서 남성과 여성의 관계에도 적용할 필요가 있다는 것이다.

그동안 한국교회는 여성에 대한 성경 말씀들을 시대와 문화적 맥락에 대한 고려 없이 적용하면서 여성들과 남성들 모두에게 왜곡된 여성상을 형성해왔다. 그리고 이는 교회 안에서, 나아가 사회 속에서 여성들이 자신의 재능과 은사들을 충분히 계발하고 활용하는 데 많은 제약으로 작용하였고, 여성의 능력과 역할을 제한하는 걸림돌이 되었다. 또한 남성들로 하여금 여성에 대한 편협한 관점을 가지게 하며 여성의 역할을 가정에 국한되는 것으로 축소하거나, 가정에서 남성들이 해야 할 몫을 여성들에게 전가하는 논리의 근거가 되었다. 교회 안에서는 남성 리더십이 지배적인 상황에서 여성 리더십이 성장하고 건강한 여성 리더상을 제시하지 못하도록 하면서 여성 리더십이 여러 세대에 걸쳐 지속성을 갖고 양성되기 위한 기반이 전혀 조성되지 않는 결과를 초래하였다.

가정과 교회는 하나님이 이 땅에 주신 가장 기본적인

공동체로서, 또한 사회와 국가의 기초가 되는 공동체로서 중요성을 가진다. 가정과 교회가 변화될 때 사회와 국가에도 변화가 나타날 수 있다. 그러나 오늘날 크리스천 가정과 교회 안에서 여성에 대한 인식과 여성의 역할은 시대 변화에도 불구하고 큰 진전을 보이지 못하고 있다. 사회적으로도 여성들은 여전히 많은 유리천장을 마주하고 있다. 보수적이고 변화가 더딘 교회의 상황을 감안하면 여성들이 사회에서 경험하는 유리천장과 교회에서 경험하는 유리천장이 큰 차이를 보이지 않을지도 모른다. 오히려 어떤 면에서는 교회 안에서 더 가부장적이고 권위적인 배제와 남성 중심 문화를 경험하고 있다.

교회가 생육하고 번성하기 위한, 가정을 돌보는 자 역할에 여성들을 고착시키고자 한다면 교회 안에서 젊은 여성들을 찾아보기란 점차 어려워질 것이다. 부르심을 받은 그리스도의 자녀로서, 제자로서 여성과 남성은 성별에 의해 그 가능성과 역할이 제한되어서는 안 된다. 한국교회가 이러한 면에서 경각심을 갖고 변화를 위한 노력을 시작하지 않는다면 교회 안에서 여성과 남성의 조화로운 사역과 동역의 길은 요원할 수밖에 없다.

5.

성장하지 못한 교인들:
순종과 순진함은
어떻게 그들에게 올무가 되었나

어린아이가 된 교인들

갓 태어난 아기는 아직 눈도 뜨지 못한 채 대부분 시간을 먹고 자는 데 사용한다. 부모는 절대적인 보호자이자 양육자로서 아기의 필요를 알아차리고 모든 것을 제공한다. 아기는 부모가 없이는 아무것도 할 수 없는 약하고 깨지기 쉬운 존재로 부모의 사랑과 정성, 돌봄을 통해 성장한다. 하지만 아기가 성장함에 따라 뒤집고 기어 다니는 과정을 거쳐 첫걸음마를 떼고, 능숙하게 걸으며 마침내는 자유롭게 달린다. 모든 것을 부모에게 의존했던 아이는 점차 자기의 생각과 의지에 따라 선택하고 행동하며, 그에 따른 책임을 배우며 성인이 된다. 갓난아기 때는 부모가 온 세상의 전부였다면 점차 또래 친구, 학교, 직장, 사회와 같이 더 넓은 세계로 교류 영역을 확장하며 개인적 자아정체성뿐만 아니라 공동체 구성원으로서의 자아정체성을 확립한다. 청소년기나 성인기가 되어서도 부모 품에만 머물러 있거나 사회적으로 교류하지 못한다면 발달 과정이 온전히 다 이루어졌다고 보기 어렵다.

그렇다면 한국교회 교인들은 어느 단계에 와 있을까? 믿음에도 성장 단계가 있다면 처음 믿음을 갖고 구원을 받아 새롭게 태어나는 경험을 한 이후 현재는 어디쯤 왔는지 점검해 볼 필요가 있다. 물론 이성적, 정서적, 영적인 면을 비롯한 많은 측면에서 매우 성숙한 교인들도 많을 것이다. 그러나 본문에서 초점을 맞추고자 하는 대상은 교회 안에서 성장하지 못하고 오랜 기간 여전히 어린아이 같은 모습에 머물러 있는 교인들이다.

카리스마적인 목회자의 리더십, 교회의 결속을 매우 강조하는 교회 문화 안에서 신앙생활을 해온 교인들은 스스로 생각하고 결정하는 것에 매우 익숙하지 않다. 목회자가 전달하는 메시지를 무비판적으로 수용하고 진리로 여기는 경우도 많다. 목회자 역시 사람이기에 실수를 범할 수 있고, 전달하는 메시지나 보이는 행동이 성경 말씀과 합치되지 않는다면 의문을 가지고 문제 제기하거나 다른 의견을 낼 수 있어야 한다. 그러나 이런 교회들에서는 그런 현상이 나타나지 않는다. "모난 돌이 정 맞는다."라는 말처럼 바른 소리를 했다가 주변화되거나 공동체에서 배제된 경우는 논외로 하고, 목회자의 말을 하나님 말씀으로 받아들이며 목회자가 스스로에게 부여한 신적 권위를 더욱 강화하는 데 동참하는 교인들이 적지 않다.

믿음이 성장한 건강한 신앙인의 삶은 교회공동체로부터 사회로, 세상으로 나아가 선한 영향력을 미치는 모습일 것이다. 그러나 오늘날 많은 교회, 특히 대형교회일수록 교인들은 교회 안으로 더 모여드는 경향이 짙다. 교회 안에는 이벤트와 훈련, 교제 모임이 넘쳐나고, 충성하며 열심인 교인일수록 교회 안에서 맡는 직분과 책임도 많기에 많은 시간을 봉사와 헌신에 투자한다. 그러다 보면 어느새 교회 생활만으로도 너무 바빠서 다른 것에 시선을 돌릴 여유가 없다. 또, 정서적, 영적 교류 역시 교회에서 맺는 관계를 통해 충분히 충족하고 모든 필요를 채울 수 있기에 굳이 외부 모임이나 만남의 필요를 느끼지 못한다. 실질적으로 교회 생활로 삶이 가득 채워져 있는 까닭에 다른 사람들을 만날 시간도 거의 없다. 그렇게 교회 생활에 흠뻑 빠져 몸과 마음, 시간을 모두 들이다 보면 어느새 주변에는 자연스레 같은 교회 사람들, 혹은 크리스천들만 남는다. 의도한 것이든 아니든 비기독교인들과는 점점 멀어지고, 유리된 삶을 살게 된다.

이런 모습이 꼭 나쁘다고 할 수만은 없다. 교회 안에

서 믿음의 교제를 나누고 훈련받으며 스스로 성결하게 하고 신앙을 성장시키는 데 이런 삶의 방식이 어느 정도 기여하는 바도 분명히 있기 때문이다. 그러나 이런 교회 중심, 교회로 수렴하는 삶의 양식이 어느 시점까지 교인들에게 도움이 되는가에 대해서는 의문을 던지지 않을 수 없다.

예수의 제자가 된다는 것은 궁극적으로 믿지 않는 사람들에게, 세상을 향해 나아가 복음을 전하는 것이지만 현재 한국교회와 교인들은 이와는 상반된 삶을 살아가는 것을 어렵지 않게 발견할 수 있다. 교회 안으로만 파고들며 '그들만의 리그', '그들만의 축제'를 즐기는 것이다. 그리하여 이들의 주요 활동 무대는 교회 안으로 국한되고, 정작 더 적극적으로 활동해야 할 세상에서는 파편화된 개인 신앙인으로서 큰 영향력을 발휘하지 못한다. 교회의 잘 짜인 시스템과 규칙안에서 이들은 중요한 사람이 된 듯한 만족감과 자부심을 느끼며 리더십을 마음껏 발휘한다. 그러나 이런 모습이 일상의 영역에서도 이어지는지는 미지수다.

안타깝게도 상당수 기독교인은 교회에서 많은 시간을 보내고 봉사하며, 교회에서 믿음의 척도로 요구하는 수량적인 경건 생활ex. 공예배 참석 횟수, 성경 읽은 장수, 새벽예배 참석 횟수 등을 잘하면 자신이 건강한 신앙생활을 하고 있다는 착각에 빠진다. 물론 그런 요소들이 실제로 신앙 성장에 도움이 되는 부분도 분명히 있지만, 수량적이고 외형적인 신앙생활에 치중하면서 분명히 놓치는 부분이 있다. 바로 '하나님과의 일대일 관계', '친밀하고 인격적인 관계'에 관한 것이다.

오늘날 많은 교회는 교회로 수렴되도록 하는 다채로운 활동과 각 교회만의 규율 등을 정해놓고 교인들이 그것을 따르도록 권면하면서도 정작 교인들에게 하나님과의 일대일 관계가 어떤 상태에 있는지는 묻지 않는다. 교회와 목회자들은 교인들이 교회 안에 머무르고 충성과 헌신을 다하면 그것에 만족하고 안심한다. 일부 목회자들은 교인들이 머리가 커지고 생각할 수 있는 능력이 생기기를 실상 바라지 않는다. 그들은 교인들이 언제나 자신들이 손바닥 위에서 쉽게 통제할 수 있는 존재로 남아주기를 바란다. 개별 교인들로서 각자가 하나님과 건강한 관계를 맺고 제자의 삶을 살고 있는가, 복음을 전하는 일에 힘쓰고 있는가보다 교회가 안정적으로 운영되는가가 더 큰 지상명령이 된 것 같은, 주객이 전도된 작금의 양태가 우리가 마주하고 있는 현실이다.

　　　'나아가는 교회'가 아닌 '수렴하는 교회'가 많은 한국 교회의 모델이 되면서 교인들은 자연스레 교회라는 울타리를 벗어나지 못하고 있다. '온실 속 화초'처럼 곱게 자란 교인들은 교회에서 제공하는 다양한 훈련과 모임, 예배 없이는 자신의 신앙을 어떻게 지켜야 할지 알지 못한다. 평생을 남이 짜준 일정표와 해야 할 일들의 목록to do list, 계획에 맞춰서 살던 교인들에게 어느 날 갑자기 그 모든 것들을 제공하지 않고 이제 스스로 어떻게 건강하게 믿음을 지켜나갈 것인지 생각하고 결정해보라고 한다면 어떤 일이 벌어질지 짐작하기란 어렵지 않다. 장성한 성인으로서의 믿음을 갖지 못하고 언제까지나 어린아이와 같은 모습에 머물러 있는 많은 교인의 모습, 안타깝지만 많은 교회에서 일어나고 있는 현상이다.

중간관리자가 된 교인들

교회에 높은 충성도를 보이고 교회 활동에 열심인 교인들은 마치 주말에 더 바쁜 '투잡two jobs'을 뛰는 듯한 생활을 한다. 학생, 직업 활동을 하는 사회인, 가사노동을 담당하는 주부, 아버지, 어머니, 자녀 등 각자에게 주어진 다양한 사회적 역할을 담당하면서 교회 안에서 맡겨진 역할을 병행한다. 문제는 그 과정에서 한 개인으로서 감당하기 너무 과중한 역할과 책임이 주어질 때가 많다는 것이다.

물론 본인이 자발적으로 교회 안에서 다양한 역할을

맡았을 수도 있지만, 믿을만하고 역할을 잘한다고 인정받는 교인일수록 점점 더 많은 일을 하게 된다는 데 문제가 있다. 교인들의 경우 목회자들과 달리 교회에서의 일만 하면 되는 것이 아니라 평일에 각자 삶의 자리에서 더 많은 일을 해야 한다. 그런데 교회에서 할 일이 점차 많아지면서 평일에 하는 것만큼이나 많은 혹은 그보다 더 많은 일을 교회에서 하면서, 개인적인 쉼이나 가족들을 위한 시간은 가지기 쉽지 않다. 교회 생활과 개인적인 삶 사이의 균형을 잡기가 점차 어려워지고, 교인들은 딜레마에 빠진다.

하지만 교회 혹은 목회자들은 더 많은 시간과 충성, 헌신을 끊임없이 요구한다. 진정한 교인, 신앙인이라면 하나님의 일에 자신을 아낌없이 내어 드리고 섬기는 것이 미덕이라는 인식을 심어준다. 그러면서 소진되어 휴식이 필요하거나 삶과의 균형을 맞추려는 교인들에게는 섬김의 자세가 안 되어 있다거나 이기적이라는 평가를 하고 정죄한다. 물론 모든 교회나 목회자들이 이런 태도나 문화 속에 익숙해져 있는 것은 아닐 것이다. 그러나 분명한 것은 교인들이 중간관리자로서 거대 시스템을 작동하도록 하는 유기적인 연결망 역할을 하는 대형교회에서는 이런 현상들이 분명히 나타나고 있다는 점이다.

목회자들은 '목양'을 한다면서도 정작 양 떼의 영혼이 어떤 상태인지에는 많은 관심을 두지 않는다. 아니, 두지 못한다. 거대한 조직으로서 기능하는 교회는 거대 기업과 같이 상위와 하위 관리체계를 갖고 있고, 각 조직에는 관리자가 존재한다. 이때 규모가 큰 교회일수록 목회자가 교인들의 상태를 자세히 알기란 불가능하며, 그렇기에 자연스럽게 그런 중간관리자 역할은 리더 역할 혹은 직분을 맡은 성도들에게 주어진다. 그리고 이들은 그 자체로서 '목적'이 되는 하나의 '영혼'으로서가 아니라 '관리자'로서, 컨베이어벨트를 구성하는 하나의 부속품처럼 활용되고, 소모된다.

　　　이런 현상의 이면에는 덩치가 너무 커져서 목회자들만으로는 관리 역할을 다 감당할 수 없게 된 교회의 구조적인 문제와 함께, 일반 성도의 삶을 이해하지 못하는 목회자들의 인식 및 경험의 한계가 자리하고 있다. 먼저 교회의 구조적 문제와 관련해 설교와 교회 행정, 심방, 교인 상담 등으로 바쁜 목회자로서는 교인들의 상황을 자세히 아는 것이 실질적으로 불가능하고, 큰 교회 규모에 비해 목회자 수가 부족한 경우가 많다. 지나치게 몸집이 커진 교회에서 가족적이고 모든 것을 다 공유하는 환경을 기대하기란 쉽지 않다. 다음으로 목회자들의 경험 및 인식과 관련해서는, 다른 일반 직업 영역에서 활동하다가 비교적 늦게 목회의 길에 들어선 경우를 제외하고는 대부분 교회 안에서 성장하여 신학교와 신학대학원을 거쳐 목회자가 된다. 신학교가 아닌 일반 대학을 졸업하여 신학대학원을 간 경우에도, 목회자 이외의 다른 직업 영역을 경험해보지 않았다면 그 경험치와 인식의 범위는 크게 다르지 않을 것으로 생각된다. 일반 성도로서 교회가 아닌 세상에서 직업인, 사회인으로서의 경험이 없는 목회자들은 성도들의 삶을 온전히 이해하기가 쉽지 않다. 이들에게는 교회가 곧 직장이자 신앙생활의 터전이다. 두 세계는 항상 연결되어 있고, 다르지 않다. 그러나 성도들의 삶은 그렇지 않다. 교회 안에서 많은 역할을 하고 난 뒤에도 여전히 일터에서 감당해야 할 역할이 있고, 많은 비기독교인이 있는 삶의 자리에서 그들과 함께 살아간다. 그렇기에 이들이 살아가는 일상의 영역은 어떻게 보면 교회보다 더 중요하고 큰 의미를 가진다. 신앙인으로서 이들의 삶은 교회 안에만 국한되는 것이 아니라, 세상에서 빛과 소금의 역할을 감당하고 제자로서 예수의 복음을 전하며 그것을 삶 속에서 살아내는 것, 그들 자신이 교회로서 역할하는 것이기 때문이다.

그렇기에 교회와 목회자들은 교인들이 일상의 영역에서 자신의 몫을 충분히 해낼 수 있도록 개인적 삶과 교회에서의 삶 사이에서 균형을 맞추고, 지혜롭게 살아갈 수 있도록 도울 필요가 있다. 그러나 성도들의 삶에 대한 이해와 배려의 부족으로 이들은 '슈퍼 크리스천'[48]이 되기를 기대 혹은 강요받는다.

이러한 암묵적인 압박 속에서 교인들은 점점 균형을 잃어가고, 많은 시간을 봉사, 헌신함에도 불구하고 영적 갈급함은 채워지지 않은 채 건조한 신앙생활을 지속한다. 자신의 영적 상태나 하나님과의 친밀한 관계에 대해서는 미처 생각해볼 틈조차 가지지 못하고, 많은 의무와 책임에 매몰된 채 '마르다' 같은 모습에 익숙해져 가는 것이다. 그리고 이런 교회 문화에 익숙한 성도 중 많은 수는 이것이 건강한 신앙생활의 전형이라고 착각하며, 다른 형태의 신앙이 있을 수 있다는 사실을 미처 알지 못한다. 많은 일로 몸과 마음이 지쳐감에도 자신이 영적으로 건강한 상태이며, 크리스천 혹은 교인으로서 요구되는 기대를 잘 충족하고 있다고 자부심을 느끼며 안심한다.

반대로 이런 역할이나 시스템에 회의를 품는 교인들은 자신이 좋은 교인이 아니라는 아니라는 죄책감 혹은 부적절감을 느낀다. 이런 신앙생활이 과연 건강한 영적 상태를 보장해주는가 하는 의문에 도달한다고 하더라도 대다수가 기존 질서에 순종 혹은 순응하는 상황에서 그런 생각을 하는 것이 불경스러운 일이 아닌가 스스로 의심한다. 그러면서 자신이 믿음이 부족하거나 순종하는 마음이 없어서 그런 것이 아닌가 생각한다. 혹 자신이 틀리지 않았다고 생각하더라도 그런 생각을 교회에서 공개적으로 이야기하고 변화를 촉구하기는 쉽지 않다. 이야기한다고 상황이 쉽게 바뀌지 않을 것이며, 이미 문제를 제기했던 다른 교인들이 어떤 대우를 받는지 지켜봤기 때문이다. 공연히 긁어 부스럼만 될 것이라는 생각, 문제적 생각을 가진 사람으로 낙인찍힐 것이라는 두려움 등이 이들을 침묵하게 만든다. 또, 그에 앞서 가장 강력한 기제로서 '학습을 통한 자기검열'을 통해 교인들은 무엇을 말하고 말하지 말아야 하는지 스스로 먼저 교정 과정을 거친다. 이런 요인들로 교인들을 중간관리자로 기능하도록 하는 교회의 구조는 쉽게 바뀌지 않고 유지된다.

무비판과 동조의 덫에 빠진 교인들

목회자와 교회의 방침에 순종하는 것에 익숙하도록 길들여진 성도들은 '아니오'라는 말을 쉽게 입 밖에 내지 못한다. 우선, 목회자나 교회로부터 전달된 메시지나 규율, 방침 등이 틀렸으리라고 생각하는 것 자체가 쉽지 않다.

메시지는 그것이 담고 있는 내용 자체만큼 혹은 그

이상으로 전달 주체가 중요하다. 동일한 메시지라도 누가 전달하는가에 따라 받아들이는 사람들의 태도가 매우 달라지며, 파급효과에서도 많은 차이가 난다. 메시지 전달자가 절대적인 권위를 가진 신뢰할 만한 사람이라고 생각되면 메시지 내용에는 집중하지 않게 된다. 목회자가 전하는 설교 내용이나 교회에서 진행하는 일의 방향성이 맞지 않는 부분이 있더라도 교인들은 이에 크게 주의를 기울이지 않는다. 이미 신뢰하고 있는 대상으로부터 전달된 메시지이기 때문에 당연히 그 내용 역시 잘못되지 않았을 것이며, 사소한 오류나 잘못이 있다 하더라도 큰 맥락에서는 틀리지 않았을 것이라고 믿기 때문이다. 이 같은 경향은 '휴리스틱heuristic' 사고방식으로 볼 수 있다.

　　휴리스틱 사고 또는 의사결정은 단순하고 신속하게 정보를 처리하는 인지적 방식을 의미한다. 휴리스틱 방식을 사용할 때 사람들은 정보를 자세히 살펴보기보다는 기존의 인식 틀프레임이나 정보, 태도에 일치되는 방향으로 처리하며, 비교적 짧은 시간 안에 결론을 내린다. 휴리스틱은 제한된 시간 안에 많지 않은 정보를 가지고 결정 내려야 하는 상황에서 유용하며, 사람들이 인지적으로 처리 가능한 정보의 양이 제한되어 있다는 점인지적 가소성을 고려할 때 빠른 의사결정을 돕는 긍정적 기능을 한다. 그러나 휴리스틱 사고를 지나치게 사용할 경우 주어진 정보 중 기존에 가지고 있던 정보와 일치하는 것만 취사선택하거나 새로운 정보에서 중요한 부분을 놓치게 될 수 있다. 또한, 단순하고 쉬운 결정, 결정으로 인한 영향력과 파급효과가 크지 않을 때는 휴리스틱 방식이 유용할 수 있지만 중요하고 관여도가 높은 사안의 경우 이런 방식보다는 세부 정보를 꼼꼼히 따져보고 생각하는 보다 복잡한 사고와 의사결정 방식이 적절하다.

그런데 교인들이 목회자나 교회로부터 전달받는 메시지를 대부분 휴리스틱 방식으로 처리하면, 더 많은 생각과 비판적 사고를 통한 의사결정이 필요한 경우에도 단순하고 무비판적인 결론에 이르게 된다. 세습을 강행하는 목회자들, 종교와 정치를 연결지어 교인들과 교회를 정치적 도구로 활용하고 권력을 추구하는 목회자들이 전달하는 메시지가 무비판적으로 수용될 때 어떤 결과가 초래되는지 오늘날 우리는 두 눈으로 목도하고 있다. 그들이 통제 및 견제 불가한 무소불위의 힘과 권력을 가질 수 있었던 데는 이러한 교인들의 태도도 큰 몫을 했다.
　　　문제가 많은 교회일수록 오히려 교회 내부는 이상하리만치 잠잠하고 평온하다. 마치 태풍의 눈이 고요한 것과 마찬가지다. 교회 외부에서 제기되는 여러 문제와 의혹에 대해 정작 교인들은 잘 모르거나 듣더라도 귀를 닫기 일쑤다. 자신들이 알고 있는 정보나 믿음에 배치되는 정보들은 사전에 차단하는 경향이 많기 때문이다. 이는 그동안 자신이 가져온 신념과 믿음, 기대 등을 무너뜨릴 수 있는 위협적인 정보를 마주했을 때 일어날 수 있는 '인지부조화cognitive dissonance'를 회피하고자 하는 눈물겨운 노력이기도 하다. 이러한 노력은 목회자나 교회를 향한 충성심과 애착의 방증일 수도 있지만, 자신들이 가치 있다고 여겨왔던 것들, 그동안 들였던 시간과 심리적, 영적, 신체적 노력과 투자가 한순간에 물거품이 될지 모른다는 데 대한 두려움을 반영하는 것이기도 하다. 반석 위에 지은 줄 알았던 집이 사실은 바람 한번 불면 날아갈 사상누각沙上樓閣이었다는 사실을 인정하는 것은 누구에게나 쉽지 않은 일이기 때문이다.

이와 더불어 교인들의 맹목적인 순종에는 '동료 압력peer pressure'과 '동조conformity'도 큰 영향을 미친다. 주변의 가까운 교인 및 작게는 수십 명, 크게는 수백 수천, 수만 명에 이르는 교인들이 목회자나 교회에 무조건 순종하고 '예'라고 하는 것을 보면서 교인들은 자신도 그렇게 해야 할 것 같은 압박감을 느낀다. 그렇지 않으면 주변 사람들과 다른 교인들로부터 인정받지 못하고 무리로부터 배제될 것 같은 부담을 받는 것이다. 공동체의 일원, 구성원으로서 인정받기 위해서는 공동체 내에서 암묵적으로 지켜지는 규율과 규칙을 따라야 한다. 그렇지 않으면 공동체 성원으로서 용인될 수 없다. 개인은 이러한 규율에 따르는 대신 '다수'의 편에 섬으로써 누릴 수 있는 안정감과 소속감, 보호 아래에 있게 된다.[49]

동조현상이 일어나는 원인으로는 정보나 자극의 불명확성으로 인한 구분의 어려움도 있지만, 동료 집단 혹은 처음 본 사람들일지라도 그들로부터 배척당하지 않고 정서적 유대감, 소속감을 형성하려는 욕구를 들 수 있다. 권위 있고 위계질서의 상위에 있는 대상을 향해 일어나는 복종과 달리 동조는 동등한 위치에 있는 대상들을 향해 나타난다. 그들과 내가 다르지 않으며 한배를 탄 운명공동체이자 신앙 공동체임을 보여주는 것보다 더 강력하고 안정적으로 집단 내에 유입되는 방법이 또 있을까.

집단에 대한 충성도를 높이고 이탈을 방지하기 위해서는 진입장벽을 높이는 것이 도움이 된다. 오지의 정글 소수 부족이 위험천만해 보이는 성인식을 치르는 것이나 대학 입학 후 일원으로 인정받기 위해 혹독한 신고식을 치르는 것 모두 같은 맥락이라고 볼 수 있다. 그렇게 힘들게 들어온 집단에는 더 많은 긍지와 애착을 갖게 되고, 쉽게 떠날 생각을 하지 않는다. 그렇기에 내부 결속을 강조하고 집단에 대한 충성도가 높은 교회들일수록 많은 규칙과 그들만의 문화, 외부세계와 자신들을 구분 짓는 가치관이나 생활양식을 강조한다. 이는 위에서 아래로 내려오는 거시적 권위체계를 통한 통제뿐 아니라 아래로부터 위로의 자발적, 미시적 형태의 통제를 통해서 동시적으로 이루어진다. 지도자나 권력을 가진 일부 사람들이 아무리 완벽하게 통제하려고 해도 이런 자발적이며 상호적인 아래로부터의 동조가 일어나지 않는 한 완벽한 통치는 불가능하다. 그것은 결국 순환적이고 유기적인 관계 속에서 일어나는 것이다.

이러한 무비판과 동조를 통해 교회에서 일어나는 많은 의사결정 과정에서 소수 의견은 묵살되거나 억압된다. 그리고 평범하고 충성된, 헌신된 많은 교인은 미처 의식조차 하지 못한 채 소수자들의 의견을 대수롭지 않게 넘김으로써 그 어떤 방식보다도 그들을 잔인하게 배제하고 배척하는 데 동참한다. 이들에게 죄가 있다면 너무 순진한 것이라고 해야 할지도 모르겠다. 하지만 몰랐고, 순진했다는 것이 본의이든 아니든 교회 내에서 일어나는 다양한 불의에 대하여 방관자 혹은 묵인하는 자, 동조자로서 기능하는 성도들에게 충분한 면죄부가 될 수 있을지는 의문이다.

한나 아렌트Hannah Arendt는 나치 전범인 오토 아돌프 아이히만 Otto Adolf Eichmann의 예루살렘 재판 과정을 취재하여 글을 썼고, 이는 『예루살렘의 아이히만Eichmann in Jerusalem』이라는 저서로 출간되었다. 이 책 말미에서 그녀가 짧게 언급한 '악의 평범성 banality of evil'은 그 후 악의 속성에 대한 수많은 논의와 함께 악에 대한 전통적인 입장이나 신념에 반향을 불러일으켰다. 아렌트는 홀로코스트라는 인류 역사에서 가장 끔찍한 제노사이드genocide 50)에서 유대인들을 수송하는 역할을 하며 나치에 충성했던 아이히만이 어떤 인물인지 궁금증을 가졌다. 그러나 재판 과정을 통해 살펴본 아이히만은 많은 이들이 생각한 것처럼 비정상적이거나 도덕적, 윤리적으로 절대적인 결함을 지닌 사람이 아니었다. 오히려 그는 지나치리만큼 평범했고, 큰 꿈을 가지지도 않은, 일과 가정에 충실한 사람이었다.

악의 화신이라고 보기에는 너무나 소시민적인 이 인물이 그러한 행동을 할 수 있었던 데 대한 배경으로서 아렌트는 '사유의 부재'를 꼽았다. 자신이 몸담고 있던 나치의 규율에 충성하고 그저 위에서 시키는 대로 했을 뿐이며, 자신은 아무런 죄가 없다고 주장했던 그의 모습 속에서 우리는 스스로의 모습을, 또 많은 한국교회 교인들 안에 숨어있는 본성을 발견할 수 있다. 상부의 권위자가 지시하는 대로 따르며 자신의 사고와 판단 능력을 온전히 타인에게 의탁해 버렸던 그의 과오를 오늘날 현재를 사는 우리 역시 그대로 반복하고 있는 것 같은 기시감을 떨칠 수 없다. '동조'가 동등한 관계에서 일어나는 반면, 아이히만의 경우 권력의 상위자를 향한 '복종'이었다는 점에서 앞서 설명한 '동조'와 차이가 있다. 그러나 동조와 함께 교회 안에서 일어나는 목회자나 권위자에 대한 '복종' 역시 교회 안에서 다양성이 사라지고 무비판적인 수용이 일어나도록 하는 데 일조하는 주요한 요인 중 하나임은 부인할 수 없다.

아렌트는 또한 아이히만의 언어와 표현이 매우 빈곤하며 추상적, 표면적임을 지적했는데, 언어는 사고의 표현 수단이며 한 개인의 세계를 보여주는 창이라는 점에서 이러한 지적은 주목할 만하다. 오늘날 많은 교인이 자신들이 아는 하나님, 신앙관에 대해 자신의 언어로 이야기하도록 질문받는다면 얼마나 깊이 있고 자세하게 이야기할 수 있을지 의문이다. 그저 목회자와 교회로부터 배운 그대로를 앵무새처럼 같은 언어로 반복하지는 않을는지 염려스럽다. 맹목적이라고 할 정도로 열심히 믿는다고 하면서도 정작 우리는 '무엇을', '왜', '어떻게' 믿고 있는지는 고민하지 않는다. 두 눈을 가린 채 질주하는 경주마 같은 뜨거운 감성과 맹목적인 믿음에 잠식당한 우리의 '이성'과 '회의', '비판'은 갈 곳을 잃은 지 오래다. 우리의 일상과 신앙생활[51]의 균형이 무너져버렸던 것처럼, 감성과 지성, 영성 사이의 균형도 함께 무너져버린 것이다.

6.

교회공동체의 붕괴,
영적 난민이 된 성도들

이번 장에서는 한국교회가 당면한 많은 문제점 중에서도 특히 '세습'에 초점을 맞추어 논의를 진행하고자 한다. 세습은 한국교회가 마주하고 있는 교회 권력화, 사유화, 교회 안의 일방적인 소통과 의사결정 체계, 개교회와 노회, 총회, 교단 간의 관계 등 여러 가지 문제점과 밀접하게 연결되어 있다는 점에서 특히 중요하다.

이와 함께 세습을 비롯한 공동체의 붕괴가 성도들에게 미치는 영향을 조망함으로써 세습이 공동체적, 사회적 맥락에서뿐 아니라 개인 차원에서 성도들의 삶을 어떻게 바꿔놓는지 살펴볼 것이다. 이는 세습을 하나의 거대한 사건으로서만이 아닌, 수많은 개개인에게 일어나는 개별적이고 고유한 사건으로서 성찰하고 개인적, 공동체적 차원에서의 치유와 회복의 필요성을 생각해보도록 하는 인식의 전환을 가져올 것이다.

교회 세습과 공동체의 붕괴

세습 과정에서 교회와 교인들은 안팎으로부터 많은 문제를 경험하며 상처를 입는다. 교회 내부에서 세습을 찬성하는 이들과 반대하는 이들 사이의 갈등, 세습의 정당성 혹은 부당성을 놓고 대립하는 노회, 총회 등 교단 내 갈등, 세습에 반대하는 다양한 기독교 단체들 등 세습을 둘러싼 많은 이해관계자 사이에 대립과 분열이 일어난다. 그리고 세습을 강행 또는 저지하기 위한 지난한 법정 소송과 분쟁이 시작된다. 교회 내부적으로는 세습에 찬성하는 이들과 반대하는 이들이 서로를 비난하며 관계가 단절되거나 명확한 의견 표명을 꺼리며 세습과 관련된 이야기를 의식적으로 피하기도 한다.

세습 과정에서 비난과 공격은 세습을 강행한 당사자들에게 돌아가기도 하지만, 피해자라고 볼 수 있는 일반 성도들 사이에서도 많이 나타난다. 직접적으로 소통하거나 답을 듣기 어려운 세습의 당사자들 대신 옆에 있는, 접근 가능한 상대에게 분노나 원망이 전이되는 것이다. 너무나 많은 사람이 각자 회복하기 어려운 내상을 입은 채 자신이 받은 상처를 다른 누군가에게 고스란히 돌려주는 악순환의 고리가 이어진다. 그 과정에서 공감과 위로, 돌봄과 이해와 같은 인간성, 공동체성을 위한 전제 조건은 점차 자리를 잃고, 싸움에서 이기는 것 자체가 목적이 되는 비극을 경험하기도 한다.

　세습에 반대하는 이들은 명백한 세습의 부당성에도 불구하고 힘의 논리에 의해 법과 절차가 무시되는 것을 목도하며 좌절과 무력감을 느낀다. 또 어떤 이들은 그런 상황 속에서도 끝까지 포기하지 않고 세습을 철회하기 위한 노력을 장기간 이어가기도 한다. 그러나 세습을 반대하는 이들 안에서도 각자 너무나 다양한 생각과 견해가 존재하기 때문에 이들이 단일한 목소리를 내거나 힘을 합쳐 행동하는 데는 많은 어려움이 따른다.[52]

교회 세습을 비롯한 다양한 문제로 공동체가 분열되고 붕괴되는 것은 공동체적 가치의 상실, 신적 권위에 대한 침해와 훼손,[53] 사회적 연대감과 책임 의식의 부재와도 모두 연결된다. 표면적으로는 '세습'이라는 사건으로 드러난 개교회의 문제는 교인들로 하여금 자신이 몸담고 있던 곳이 어떤 곳인가 하는 의구심과 회의감을 불러일으킨다. 그리고 이는 신앙의 본질과 건강한 신앙인으로서 추구해야 하는 가치, 지향해야 할 방향에 관련된 자의식에 불을 지핀다.

　교회 세습은 한 교회의 안정과 번영, 발전이라는 명분으로 노회, 총회, 교단, 한국교회와 같은 더 큰 단위로서의 교회공동체의 건강성을 희생하기로 한 결단이며, 그것이 불러올 사회적 파장에 대해 눈감기로 한 연대감과 책임 의식 부재의 산물이다.

세습은 대형교회가 이미 교인들에게 친숙하고 교회 문화에 익숙한 후임 목사를 청빙함으로써 리더십 교체로 인한 내홍을 최소화하고 교회를 안정적으로 유지한다는 명목으로 합리화된다. 그러나 세습은 결과적으로 수많은 교인이 교회를 떠나도록 만들며, 개교회를 넘어 교단과 사회 전체의 공정성과 정의, 교회의 공공성이라는 가치를 심각하게 훼손한다. 그런 면에서 세습을 정당화하는 '안정'이라는 명분은 달성되기 어려우며 오히려 그 반대의 결과를 가져온다. 또한 각 개인의 신앙 근간이 되었던 신과 신앙 공동체의 가치, 속성에 매우 깊은 자상을 남긴다. 도덕적, 사회적 책임을 다하지 않는 교회의 모습을 통해 성도들은 자신이 믿고 따르는 신앙적 가치가 손상되었으며, 사회와 국가 같은 더 큰 공동체와 조화를 이루는 데 실패했다는 느낌을 받는다. 그리고 이런 실망과 상처를 안고 교회를 떠난 수많은 성도는 '영적 난민'으로서 기약 없는 표류를 시작한다.

영적 난민, 가나안 성도가 된 사람들

난민은 '전쟁이나 재난 따위를 당하여 곤경에 빠진 백성'[54]을 의미하며, 1951년 난민협약에서는 난민을 "인종, 종교, 국적, 특정 사회집단의 구성원 신분 또는 정치적 의견을 이유로 박해를 받을 우려가 있다는 합리적인 근거가 있는 공포로 인하여, 자신의 국적국 밖에 있는 자로서, 국적국의 보호를 받을 수 없거나, 또는 그러한 공포로 인하여 국적국의 보호를 받는 것을 원하지 아니하는 자"로 정의하고 있다.[55]

김성경2020은 난민의 정의와 난민의 심리적 특징을 설명하면서 난민은 정치, 사회, 경제, 환경적 재앙으로 고향이나 고국을 떠난 사람들을 통칭하며, 난민refugee을 뜻하는 비슷한 개념의 영어 단어가 'displaced' 혹은 'uprooted'라는 점을 볼 때 난민이 '고향이라는 장소를 박탈당한 자' 또는 '뿌리내린 곳에서 추방된 사람들'을 의미하는 것으로, 장소와 깊은 연관을 보인다고 지적하였다. 또한 이 '장소'가 물리적 공간, 국적과 같은 정치적 지위만을 의미하는 것이 아니라 사회적 관계가 쌓여있는 상징적 공간, 개인에게 중요한 의미를 가지는 곳이라고 부연하면서 난민들은 개인적 삶, 사회적 관계, 의미 체계, 역사, 미래의 가능성을 빼앗기고 자아의 뿌리를 상실하며 정체성에 큰 변화를 겪게 된다고 주장하였다. 이들은 이전의 자아로 돌아가기 어렵고, 새로운 정착 공간을 찾더라도 '주체'로서 기능하거나 정체성을 회복하기가 쉽지 않다.[56]

　　세습을 비롯한 교회 안의 다양한 문제들로 인해 교회 공동체가 붕괴되고, 교회를 떠나게 된 사람들은 실상 '영적 난민'[57] 이나 다름없다. 그들은 공동체의 근간을 흔드는 다양한 사건들로 인하여 더 이상 그곳에 속한 자로 자신을 규정identify 할 수 없으며, 그곳을 구성하고 있는 사람들과 자신이 동일한 신념과 생활양식, 종교적 가치를 공유하는 구성원이라고 볼 수 없다. 표면적으로는 스스로 선택해 공동체를 떠난 것처럼 보이지만, 실상 이들은 자신들이 추구하고 믿는 가치에 대하여 공동체 안에서 목소리를 낼 수 없이 주변화marginalized되었거나, 이야기하지 못하도록 실제적 혹은 암묵적인 압력을 경험한 자들이다.

세습을 비롯한 다양한 문제를 경험하고 공동체가 붕괴되는 현장에서 공동체를 구성하고 있던 성원들은 서로를 향해 화살을 겨누게 된다. 각 개인이 어느 편에 서 있는지, 어느 입장에 동조하는지에 따라 어제의 친구, 선생, 선배, 후배, 동역자였던 사람들이 오늘의 적이 되고, 더 이상 함께 할 수 없는 사람들이 된다. 소수에 속하는 사람들은 다수로부터 배제와 다양한 형태의 물리적, 문화적, 사회적 폭력을 경험한다. 마치 조정래의 소설 『태백산맥』58)에서 잘 묘사된 것 같은 공동체, 가까운 관계를 유지하고 있던 사람들 내에서의 분열과 갈등, 개인의 내적 고뇌가 수없이 많은 사람과 집단 사이에서 동시다발적, 폭발적으로 일어난다. 신앙공동체의 붕괴는 그것을 경험하는 사람들에게는 기실 전쟁만큼이나 참혹하고 괴로운 것이며, 오랫동안 지워지지 않는 영혼의 상처를 남긴다.

　　세습과 같이 공동체를 분열시키고 공동체에 치명상을 입히는 사건을 경험하는 사람들은 자신들이 이전과 같은 공동체의 삶을 누릴 수 없음을 깨닫게 된다. 그러면서 자신들이 지금까지는 '도덕적 행운moral luck'이라고 할 수 있는 호시절을 지나왔으며, 이제는 그런 삶을 영위할 수 없음을 직감적으로 느낀다. 공동체의 도덕성과 정체성에 심각한 균열을 불러오는 결정적 사건 혹은 시기를 경험하기 전까지, 공동체 구성원들은 도덕적 판단을 하지 않아도 되는 평화의 시대를 살았다. 다른 공동체 일원들이 어떤 가치관이나 생각을 가지는지 또는 특정 주제에 대해서 어떤 견해를 가지는지 자세히 알 필요가 없었고, 그런 것이 결코 개인적 친분이나 신앙 안에서의 교제에 영향을 미치는 일도 없었다. 그저 모두가 순수하고 순진하게, 같은 신앙 안에서 같은 믿음과 지향점을 공유하는 하나의 운명공동체라고 믿으면 그만이었다. 서로가 가진 생각을 알 필요도, 의심할 필요도 없었던 순수의 시대를 살았던 것이다. 하지만 결정적 순간이나 사건을 경험하고 난 뒤에는 지금껏 경험해보지 못했던 전혀 새로운 세계에 입성한다. 수년 혹은 수십 년간 함께 동고동락하며 친구, 선배, 후배, 선생과 제자, 부모와 자녀 관계를 유지했던 사람들이 도무지 좁힐 수 없는 서로의 간극을 마주하며 갈등이 표출된다. 그러면서 그동안 서로에게 가졌던 신뢰와 애정에는 틈이 생기고, 타인과 공동체의 질서에 대한 불신과 회의, 가치 판단 기준에 대한 혼란이 야기된다.

그 과정에서 어떤 사람들은 명확하게 자신의 의견을 표현하고 그동안 쌓아왔던 사회적 관계들이 단절되는 것을 감내하며 공동체를 떠나기도 하고, 어떤 사람들은 동의하지는 않지만 그간 쌓아온 사회, 문화적, 정서적 기반들을 포기할 수 없어 남아있기로 결심하기도 한다. 또 어떤 이들은 가족이나 친구들과의 갈등을 피하고 현실에 순응하고자 하는 것이 남아 있는 주목적이 되기도 한다. 그리고 아주 소수는, 남아서 변화와 개혁을 외치고 실제적인 행동을 시도하기도 한다. 그 어떤 경우이든, 이들은 모두 다 공동체의 변질과 붕괴로 인한 상처와 아픔을 마음속에 품고 살아간다. 떠나온 사람들은 돌아갈 수 없는, 이제는 결코 예전과 같을 수 없는 그곳을 그리며, 남아있는 사람들은 떠나간 자들의 빈자리와 무너진 공동체의 모습을 마주하며 그렇게 서로가 종류는 다르지만, 각자에게 주어진 그리움의 무게를 짊어지고 살아간다.

그리고 떠나온 사람들은 파편화된 개인으로서, 응집력을 가지지 못하고 각자 새로운 피난처를 찾아 떠나는 영적 난민으로서의 삶을 시작한다. 난민의 영어 표현은 'refugee'와 'asylum seeker'이다. refugee라는 단어는 피난처refuge와 안전한 장소, 대피소와 관련이 있고, asylum seeker라는 표현 역시 망명지, 피난지로서의 새로운 장소를 찾는 사람이라는 의미를 가진다. 이처럼 난민은 자신의 의지에 관계없이 정치적, 사회적, 경제적, 종교적 요인 등으로 본래의 거주지, 고국으로부터 나와 새로운 피난처를 찾는 사람들을 의미한다. 영적 난민들 역시 자의에 의해서보다는 교회 안에서 발생한 여러 가지 문제들로 인하여 떠나게 된 자들로서, 새로운 피난처, 정착지를 찾아 헤맨다. 그러나 실상 그들이 새로운 정착지를 찾고 그곳에서 고향에서 가졌던 역할과 기능들을 되찾기란 쉽지 않다. 그리하여 이들 중 상당수는 '가나안 성도'가 되기도 한다.

'가나안 성도'는 기독교인으로서의 정체성은 유지하지만 교회에 참석하지는 않는, 가나안 땅을 찾아다녔던 이스라엘 백성처럼 새로운 교회를 찾아다니는 신앙인을 뜻하며,[59] '한국기독교목회자협의회'는 기독교인의 10.5%인 약 100만 명을 가나안 성도 즉, 소속 없는 신앙인으로 추정하였다.[60] 가나안 성도가 되는 이유는 다양하지만, 공동체 분열, 목회자로부터의 상처와 같이 교회에서 경험한 문제로 인해 교회와 단절하고 혼자 신앙생활을 유지해 나가는 경우가 많다.

영적 난민, 가나안 성도가 된 사람들이 새로운 공동체를 찾기 어려운 데에는 교회에서 받았던 상처와 배신감, 실망과 좌절감이 주요한 원인으로 작용한다. 이들은 떠나온 교회공동체에서 느꼈던 소속감과 신앙적 경험, 정서적 지지와 관계감 등을 갈망하면서도 새롭게 찾은 공동체에서 또다시 동일한 상처와 배신을 느끼게 되지는 않을지 두려운 마음을 함께 느낀다. 그리고 이것은 가나안을 갈망하면서도 새로운 가나안을 찾아가지 못하도록 하는 걸림돌이 된다. 그리하여 이들은 이스라엘 백성들이 그러했듯, 오랜 기간을 광야 같은 막막함과 외로움을 느끼며 어디에도 속하지 못한 채 뿌리 없는 나무같이, 둥지 없는 새같이 표류하는 유목민의 삶을 산다.

트라우마의 경험과 재생되는 기억들

공동체가 분열되는 경험은 많은 사람들에게 오랜 시간이 지나도 지워지지 않는 마음의 흔적을 남긴다. 동일한 사건에 대해서도 사람마다 받아들이는 데 차이가 있으며, 공동체가 붕괴된 사건이 모든 이들에게 트라우마로 남는 것은 아닐 수도 있다. 어떤 사람들은 시간이 지남에 따라 자연스럽게 치유되기도 하고, 새로운 의미를 발견하면서 과거의 상처를 극복하고 새로운 공동체에 정착하거나 새로운 관계망을 구축하고 살아가기도 한다. 하지만 그 과정에 도달하기까지 상당히 오랜 시간이 걸리며, 많은 사람이 공동체가 무너지는 경험, 그 사건 혹은 그 시간 이후에도 그로 인해 파생되는 심리적, 영적 어려움 속에 살아간다.

트라우마외상 사건은 개인이나 개인에게 중요한 의미를 가진 주변 사람들의 생존과 안전에 위협을 줄 수 있는 사건들로서 자연재해, 폭력, 강간, 납치, 고문 등이 이에 해당한다. 트라우마 사건은 하나의 분명하고 인지 가능한 것일 수도 있고, 보다 지속적이고 반복적으로 일어나는 사건일 수도 있다. 전자의 경우 단순 트라우마로, 후자는 복합 트라우마로 분류된다. 트라우마를 경험하고 난 이후 발생하는 심리적 증상들로는 꿈이나 반복되는 생각을 통한 침습적인 외상의 재경험,

외상을 떠올리게 하는 상황을 회피하거나 무감각해지는 것, 자율신경계의 과각성으로 작은 일에도 쉽게 놀라거나 집중력이 저하되고 수면장애를 경험하는 것 등을 들 수 있다.

공동체의 붕괴와 교회 안에서 신뢰가 무너지는 경험은 개인이나 그를 둘러싼 중요한 사람들의 생존이나 안전을 직접적으로 위협하는 사건은 아니지만, 그들의 영적인 안전과 정체성에 심각한 상처를 남긴다는 점에서 충분히 트라우마적인 경험일 수 있다. 이들은 주디스 허먼Judith Herman이 이야기했던 외상을 경험한 사람들이 겪는 심리적 도전에 직면한다.

즉, 교회가 공정하고 질서 있는 곳이라는 믿음이 깨어지고 교회공동체나 리더십을 불신하며, 이는 이전에 속했던 공동체뿐만 아니라 새롭게 경험하는 공동체, 난민으로서 이들이 찾는 피난처refuge, 망명지asylum에도 동일하게 적용된다. 이들은 유목 생활 중 마주하는 새로운 목초지 또는 궁극적으로 새로운 정착지가 되기를 바라는 곳에서도 시시때때로 과거의 기억이 침습적으로 찾아오는 플래시백flashback을 경험한다. 이들은 반드시 동일하지는 않을 수 있는 다양한 상황이나 조건 속에서 이전 공동체에서의 기억을 떠올리고, '새로운 곳에서도 또 상처받지 않을까' 혹은 '이곳이라고 아무 문제가 없을까', '이곳이라고 깨끗할까' 하는 두려움과 의심에 사로잡힌다.

또, "자라 보고 놀란 가슴 솥뚜껑 보고 놀란다."라는 옛말처럼 사소한 자극에도 민감하게 반응하며 과각성 되는 모습을 보이기도 한다. 이러한 현상은 새로운 공동체나 사람들을 만났을 때 상황이 유발하는 정도의 적당한 심리적, 정서적, 영적 반응을 넘어선 과도한 반응을 보이는 것과 연관이 있다. 이들은 현재 만나는 공동체와 사람들과의 경험을 통해 '현재 상황'만을 경험하는 것이 아니라 미해결된 '과거의 기억'을 재경험하며, 수면 아래 가라앉아 있던 많은 감정과 무의식이 자신도 미처 알지 못하는 사이에 갑작스럽게 올라오면서 현재의 관계 속에서 이를 함께 처리해야 하는 부담을 느낀다. 과거의 경험이 현재로 전이되어 지속적으로 영향을 미치는 것이다. 이전 공동체에서 자신의 목소리가 들려지지 않았던 경험, 공동체를 떠나올 때 느꼈던 혼자라는 느낌, 오랜 시간 함께 한 공동체 구성원들이 정작 자신이 떠날 때는 아무도 신경 쓰지 않았던 것 같은 관계적인 배신감 등은 예측할 수 없는 순간에 의식의 수면 위로 부상한다.

한편 하워드 제어Howard Zehr는 범죄 피해자들의 경험을 다음과 같이 설명하였다. 피해자들은 최초의 반응으로서 충격impact을 경험하며 혼란, 무력감, 공포심, 취약함을 느끼고, 시간이 지날수록 분노, 죄책감, 의심, 우울함, 무의미함, 자기 회의, 후회 등을 경험한다. 반작용recoil 단계에서는 심각한 감정 기복을 경험하며 꿈을 통한 고통스러운 기억의 반복, 의심, 쉽게 놀라는 것 같은 트라우마의 전형적 증상들을 보이며 복수를 꿈꾸기도 하고 그로 인한 불안과 죄책감을 느끼기도 한다. 또, 자신이 잘 대처하지 못했다는 수치심과 자기 비난을 경험한다. 그리고 두려움으로부터 자유로워지기 위해 투쟁하며, 범죄자, 예방에 책임이 있는 사람, 신에 대한 분노, 신앙심의 위기를 맞기도 한다. 피해자들은 자신을 배신하고 위험이 도사리는 곳으로 세상을 인식하며, 순진했던 자신의 과거를 돌아보며 더 이상 친절하거나 남을 잘 믿지 말아야겠다고 생각하면서 자아상을 바꾸게 된다. 이런 피해자에게는 무비판적이고 수용하며 지지해주는 관계적 자원들이 요구된다. 그러나 피해자의 주변 사람들은 시간이 지나도 지속되는 피해자의 고통이나 그에 대한 호소에 지치거나 이제 과거를 그만 잊고 새출발 하라거나, 그런 일을 겪었던 데는 피해자의 잘못이 어느 정도 있었을 것이라고 직간접적으로 암시한다. 이런 주변의 반응은 이차 피해secondary victimization로 피해자에게 작용하는데, 제어는 이에 대해 사람들이 고통스러운 감정을 회피하고 남을 비난하는 경향으로 인해 피해자의 성격이나 행동에서 원인을 찾고, 이를 통해 거리를 두고 자신에게는 그런 일이 생기지 않으리라는 안도감을 얻고자 하는 것이라고 설명한다. 따라서 피해자는 더 깊은 슬픔과 고립 속에 빠지게 되고, 범죄 사건뿐만 아니라 그 후에도 더 많은 상처와 고통, 외로움, 절망 속에 머문다. 피해자는 범죄 사건으로 인하여 자신의 운명에 대한 자율성이 있다는 믿음이 근본적으로 깨어지는 경험을 하고, 이에 대한 답을 찾지 못하면 자신과 타인, 신을 비난하게 된다. 제어는 이를 극복하기 위해서는 자신의 삶에 대한 자기 통제, 자율성을 인식하고 회복하는 과정이 필요하다고 제안하였다. 범죄는 자신을 방어하지 못하는 상태에서 재산, 삶과 같은 사적 영역을 침범당하는 것이기 때문에 피해자로 하여금 자신이 인간이 아닌 것 같은 느낌, 비인간화dehumanization를 경험하도록 한다.[61]

교회에서 일어나는 다양한 문제들은 사법적으로 봤을 때 범죄의 영역에 해당하는 것성폭력, 횡령 등일 수도 있고, 사법적 처리의 대상은 아니지만 도덕적으로 문제가 되는 것일 수도 있다. 그렇기에 교회공동체가 무너지고 분열되는 과정에서 상처받고 희생된 사람들을 모두 '피해자'로 볼 수 있는 것인가 하는 질문을 할 수도 있다. 특히 그것이 사법적 영역이 아닌 도덕적 문제에만 국한되는 것일 때는 그것을 '범죄'라고까지 부르는 것이 과장된 것이 아닌가 생각할 수 있다. 그러나 제어는 '회복적 정의restorative justice'의 개념을 소개하면서 전통적으로 생각했던 사법적 영역, 즉, 법에 의한 처벌, 법을 어겼는지가 기준이 되는 정의의 관점을 확장, 변형한다. 그는 '개인과 공동체에 피해를 주는 것, 가해자와 피해자 사이의 관계를 깨뜨리는 것'으로서 범죄를 규정한다.[62] 그런 관점에서 봤을 때 교회에서 일어나는 다양한 문제들은 '피해자'를 양산하며, 가해의 주체와 피해자들이 존재하고, 그것이 개인에게든 집단 혹은 공동체 전체에게든 '범죄'와 같은 효과를 가지는, 혹은 범죄라고 규정될 수 있는 것들이다. 그리고 피해자들은 제어가 이야기한 다양한 심리적 어려움과 함께 주변 사람들 또는 교회공동체에 의한 이차 피해를 경험한다.

상실 경험으로서의 공동체 분열과 붕괴

공동체의 붕괴는 일종의 '상실'과도 같다. 오랜 시간 애정과 헌신을 쏟아부었던 공동체가 분열되고 그곳을 떠나 다시 돌아갈 수 없게 되는 것은 사랑하는 사람과의 영원한 이별과도 같은 상실감을 준다. 이는 수개월, 수년 혹은 평생에 걸쳐 지속적인 영향을 미치고, 적절한 애도 과정을 거쳐 잘 처리되어야 한다. 그러나 많은 사람이 공동체의 상실이 가져오는 심리적,

영적, 신체적 영향을 인지하지 못한 채 바쁜 일상에 자신을 파묻고 이러한 애도 과정을 뒤로 미루거나 필요성조차 깨닫지 못한 채 살아간다.

심리학자 존 볼비John Bowlby는 상실 이후 애도 과정에서 경험하는 심리적 단계를 총 4단계로 구분하였다. 1단계는 충격과 부인, 무감각 단계로, 사랑하는 사람이 떠났다는 사실을 인정하지 못하고 감정적 혼란을 경험한다. 2단계는 그리움과 갈망으로 상실이 일어난 이유를 끊임없이 질문하고 상실 대상을 그리워하는 단계다. 3단계는 혼란과 좌절로, 상실 대상이 이 세상에 부재한다는 사실로 인해 삶의 의미나 목표를 잃어버린 듯한 공허함을 느끼고, 사회적 관계에서 위축된 모습을 보인다. 또, 상실 대상과의 추억을 자주 떠올리며 다시는 돌아올 수 없다는 사실에 좌절을 경험한다. 4단계는 재조직화로 현실적, 객관적 관점에서 상실 대상이나 과거에 대해 떠올릴 수 있으며, 그로 인하여 지나친 감정적 동요를 느끼지 않는 상태다. 또한 과거에만 머물러 있지 않고 새로운 미래를 계획하거나 일상을 영위하는 데 어려움을 겪지 않는다.

또 다른 애도 이론으로서 스위스 출신의 정신과 의사인 엘리자베스 퀴블러 로스Elisabeth Kübler-Ross는 1969년 저서 『죽음과 죽어감』에서 불치병 환자들을 대상으로 한 연구를 통해 슬픔의 단계가 부정, 분노, 타협협상, 상실감우울로 나뉜다고 보았다. 이는 비록 유족을 대상으로 한 것은 아니었으나, 슬픔이나 애도와 관련하여 심리상담 분야에서 광범위하게 적용되었다.[63]

이처럼 상실과 애도와 관련하여 심리학 영역에서는 다양한 이론들이 존재하며, 이를 통해 상실 후 일어나는 슬픔의 과정을 분석하고 사랑하는 사람들이 떠난 후 힘들어하는 이들에게 도움을 제공하고자 하였다. 그러나 각 단계가 반드시 순서대로 일어나거나 한 단계를 거치고 나서 다음 단계로 넘어간 후 다시 경험하지 않는 것은 아니다. 이미 경험했던 감정들이 때에 따라 다시 경험될 수도 있고, 애도 과정은 직선형이라기보다는 나선형의 상승과 하강이 반복되며 이루어진다. 이러한 일련의 애도 과정을 통하여 상실에 수반되는 감정이 잘 처리되고 통합될 때 개인은 일상으로 돌아오고 과거에만 머무르지 않고 새로운 미래를 향해 나아갈 원동력을 얻을 수 있다. 반대로 충분히 애도되지 않은 상실의 경험은 부인denial, 해리 dissociation되거나 억압repression된 채 내면의 깊숙한 곳에서 언제 터질지 모르는 휴화산 상태로 머물게 된다.

개인 및 공동체로서의 치유와 회복의 필요성

그러나 이러한 내면의 심리적 과정은 그 누구와도 공유될 수 없는 온전히 개인적인 것으로 남아있는 경우가 많다. 이들이 현재 상황에서 관계 맺고 있는 공동체나 새로운 사람들은 이들의 과거 경험과 그것이 야기한 심리적, 영적, 신체적 반응을 온전히 이해하기가 어렵다. 이들의 곁에는 과거 기억을 온전히 공유하고 인식하며, 이해하고 함께 처리할 사람들이 많이 남아있지 않다. 이전 공동체에서 함께 상처를 경험하고 동일한 과정을 거쳤던 사람들은 모두 흩어진 개인으로서 각자의 피난처를 찾아 나섰기 때문이다. 그렇기에 또 다른 영적 난민, 망명자들을 찾아내고, 만나고, 이들과 공유된 기억을 함께 처리한다는 것은 거의 불가능에 가까운 이상향으로 남는다. 따라서 가나안을 갈구하며 아직 광야 가운데 머물러 있는 성도든 혹은 새로운 피난처를 찾은 성도든 낯선 이국땅에서 이방인, 주변인이 된 듯한 느낌에서 벗어나기란 쉽지 않다. 그리하여 이들의 마음속에는 미움, 원망이라는 썰물과 그리움이라는 밀물이 끊임없이 교차한다.

이렇듯 영적 난민이 된 성도들은 아직 가나안 성도의 상태에 있든 혹은 새로운 정착지를 찾았든 과거로부터 자유롭지 못하다. 그리고 해결되지 않은 과거의 기억은 이들이 앞으로 나아가고 새로운 공동체를 형성하거나 이전의 공동체로 돌아가 회복을 가져오는 느헤미야나 에스라 같은 역할을 하는 데 있어서 장애물이 된다.

　　　반복 재생되는 과거의 기억 및 그와 연합된 정서들은 적절하게 다루어지고 치유되어야 한다. 그리고 그 과정은 개인으로서뿐만 아니라 공동체 차원에서도 이루어져야 한다. 무너진 공동체는 개인의 정체성뿐만 아니라 공동체 정체성에도 매우 심한 손상을 가져왔고, 공동체의 곳곳은 무너진 성벽과 같은 모습으로 황폐해졌기 때문이다. 떠나간 사람도, 남아 있는 사람도 더 이상 그곳에서 아름답고 생기 넘쳤던 예전의 모습을 찾아볼 수 없다. 오랜 시간을 보내며 많은 사람과 관계를 맺고 삶을 영위했던 고향, 본국과도 같은 표상으로 남아있는 공동체를 향해 사람들은 여전히 그리움과 아쉬움, 변해버린 모습에 대한 배신감, 아픈 마음을 품고 있다. 떠났지만 온전히 떠나지 못한 채로 이들은 예전의 공동체와 새로운 망명지 사이에서 어디에도 온전히 속하지 못하고 표류한다. 부유_{浮遊}하며 파편화된 개인은 공동체로부터 얻을 수 있는 안정적인 관계와 소속감, 교제, 권면과 구제 등을 누리지 못하고 외롭고 고독한 신앙생활을 이어간다. 외상을 경험한 사람들이 흔히 그러하듯 일상적인 삶을 잃어버리고, 공동체와의 관계가 단절된 채 고립되고 폐쇄적인 삶의 형태에 점점 익숙해지는 경우가 많다. 과거의 상처와 기억을 적절히 다루지 않는 한 파괴된 공동체를 다시 세우는 역할을 담당하거나 새로운 정착지에서 마음을 붙이고 하나의 구성원으로서 살아가기란 쉽지 않다. 개인과 공동체 차원에서의 '치유'와 '회복'이 필요한 이유가 바로 여기에 있다.

7.

치유와 회복을
위하여

      공동체가 분열 또는 붕괴되어 떠난 경험이 있는 성도 중 상당수는 여전히 무너지고 상처받은 그 자리에 머물러 있다. 그들은 새로운 미래를 갈망하며 지금 있는 곳으로부터 나아가기를 원하지만 무엇을 어떻게 시작해야 할지 모르는 경우가 많다. 앞으로 나아가기 위해서는 과거 경험으로부터의 치유와 회복이 필요하지만, 대부분은 그 방법을 모른 채 마음의 상처와 짐을 계속 가져가고 있다. 따라서 이 장에서는 개인과 공동체 차원에서의 치유와 회복 방안에 초점을 맞출 것이다. 먼저 개인 차원에서의 치유와 회복은 주디스 허먼의 외상으로부터의 회복 단계를 통하여, 공동체 차원의 치유와 회복은 이행기 정의와 집단 트라우마의 개념을 통하여 논의하고자 한다.

개인 차원에서의 치유와 회복

– 외상으로부터의 회복 단계

주디스 허먼은 외상으로부터의 회복을 세 단계로 구분하였다.

첫 번째는 물리적으로 안전한 공간으로의 이동이고, 두 번째는 이야기를 통한 과거 외상 사건에 대한 새로운 해석과 의미 발견, 재구조화, 세 번째는 일상으로의 복귀, 주변 사람들, 공동체와의 관계 복구다.[64]

1) 안전한 환경으로의 이동

교회공동체의 분열 혹은 붕괴로 상처받은 성도들에게 이것을 적용해보자면 첫 번째 단계는 지속적으로 상처나 위협을 주는 위험한 환경으로부터 정서적, 신체적, 영적으로 안전한 환경으로 이동하는 것이다. 이것은 신뢰하거나 조언을 구할 수 있는 멘토 혹은 예전부터 알고 지내던 지인이나 소그룹일 수도 있고, 교회공동체로부터 분리된 또 다른 사람들일 수도 있다. 사람마다 이런 안전한 환경과 그것을 제공할 수 있는 지지의 근원은 다를 수 있다. 그러나 중요한 것은 안전한 환경에서 공동체 상실 경험에 대해 조금 거리를 둔 채 객관적으로 바라볼 수 있는 시간을 가지는 것이다. 아울러 상처나 해를 입힐 수 있는 안전하지 못한 환경 속에 자신을 계속 방치하지 말아야 한다. 화산폭발과 같은 자연재해 현장에서 언제까지나 그대로 머물고자 하는 사람은 없다. 도움의 손길이 현장에 찾아오는 그 순간, 생존자들은 구출의 손길을 주저 없이 붙잡는다.

공동체가 무너지고 그로 인해 영적, 정서적, 혹은 신체적 치명상을 입은 사람들 역시 도움과 자신을 돌아볼 수 있는 안전한 시공간이 필요하다. 물론 어떤 사람들은 무너진 공동체를 회복하거나 잘못된 부분을 바로잡기 위해서 떠나기보다 무너진 그곳에 서서 외로운 싸움을 이어가며, 그것이 소명이라고 믿는다. 그러나 이때도 기억할 것은 개혁과 정화를 위한 싸움을 지속하는 과정에서도 자신의 영혼을 돌아보고, 충분한 지원과 지지를 받을 수 있도록 스스로에게 공간을 허락해야 한다는 것이다. 그렇지 않으면 공동체의 회복과 변화는 가져올 수 있을지 몰라도 그 과정에서 개인이 소진되거나 해소되지 않은 감정이 뒤늦게 찾아와 또 다른 홍역을 치를 위험이 있다. 또, 그 밖의 여러 이유로 공동체를 떠나지 않고 남기로 한 경우에도 무너진 공동체로부터 충분히 받을 수 없는 영적, 정서적, 관계적 지지와 격려를 받을 수 있는 자원을 가질 수 있다면 도움이 된다. 이런 자원은 공동체의 문제나 그로 인해 개인이 경험하는 혼란을 객관적인 시각에서 나누고 생각하며, 앞으로 공동체 안에서 어떤 태도를 가질지, 무엇을 할 수 있을지 고민하는 데 유용한 조언과 자극을 줄 수 있다.[65]

2) 이야기를 통한 재구조화 및 의미 발견

두 번째는, 이야기를 통한 과거 경험에 대한 재구조화와 의미 발견이다. 이는 일어난 사건에 대한 관점과 해석의 변화를 포함한다. 공동체에 대한 믿음과 그 안에서의 다양한 신뢰 관계가 무너진 외상적 경험은 오랫동안 마음에 남는 상처를 남긴다. 과거의 경험은 조각난 채로 의식의 곳곳, 혹은 무의식 속에 존재한다. 이야기는 그런 흩어지고 명명되지 않은 기억에 새로운 이름을 붙이고 통합될 수 있도록 도와준다. 이야기할 수 있다는 것 자체가 어느 정도 과거 사건에 대한 내적 처리 과정을 거쳤다는 것을 의미하기도 하지만, 이야기하는 과정에서 치유와 회복이 따라오기도 한다.[66] 이야기하기를 통해 개인은 억압되었던 감정을 표출하고 과거의 사건을 현재 관점에서 바라보면서 새로운 의미를 발견한다. 그리고 과거와 현재, 미래를 통합하고 앞으로 나아갈 원동력을 얻는다. 이야기하는 과정에서 과거에 일어났던 일 중 자신에게 중요한 일이 무엇이었는지와 그것이 자신과 주변에 미친 영향이나 그 의미를 명확히 하고 이전에는 미처 보지 못했던 측면들을 발견하면서 보다 전체적인 맥락에서 바라볼 수 있게 된다. 또한 이야기를 통해 객관화된 자기 진술을 하면서 잘못된 신념이나 왜곡된 관점을 바로잡을 수 있으며, 감정적 정화카타르시스를 경험하기도 한다. 이에 더해 비슷한 아픔을 가진 사람들과 함께하는 이야기하기는 아픔을 공감하고 나누는 데 많은 도움이 된다.

　　　빌 롤스톤Bill Rolston과 클레어 해켓Claire Hackett은 이야기하기에 관하여 다음과 같이 설명하였다. 트라우마 사건이 일어날 당시에는 극적인 상황과 그것이 가지는 잔인성, 타인이 희생당하는 것을 지켜보면서 정상성normality과 도덕성을 잃어버린 듯한 느낌으로 인하여 이야기할 수 없다. 그런 면에서 이야기하기는 트라우마 속에서 잃어버렸던 인간성humanity에 다시 연결되는 것이며, 그러한 상황 속에서 나타난 잘못된 것들을 바로잡는 것이다. 그렇기에 이야기하기는 희생자들이 단순히 안도감을 느끼도록 하는 것에 그치는 것이 아니라 해석과 기억을 구성하도록 돕는 것이며, 희생자들은 정의와 사회적 개혁을 추구하면서 이야기하는 것이다.[67]

한편 '의미'의 발견은 심리학자 빅터 프랭클Victor Frankl의 '의미치료logo theraphy에서도 핵심 요소로 강조하는 것이다. 그는 유태계 오스트리아인으로서 신경과와 정신과를 전공하였고, 2차 세계대전 당시 나치 수용소에 수감 되었다가 풀려났다. 인간을 극한의 환경에 처하게 하는 수용소에서의 경험을 통해 그는 그전부터 연구해온 의미치료를 더욱 발전시켰고, 우리에게 주어지는 삶의 환경들은 스스로 결정하거나 통제할 수 없는 경우가 많지만 마지막 순간까지 우리가 스스로 결정할 수 있는 것은 '삶에 대한 태도'라고 강조하였다. 그리고 삶은 어떤 순간에도 의미가 있으며, 고통스러운 일들을 경험할 때도 우리가 취하는 태도와 그로부터 발견하는 '의미'를 통해 한계를 뛰어넘는 자기초월적 경험을 할 수 있다고 보았다.[68] 이는 환경이나 상황에 의해 수동적으로 통제 또는 희생되는 것이 아닌, 능동적이고 주체적으로 선택하고 자신의 태도를 결정할 수 있는 존재로서 인간의 자율성과 의지를 강조한 것이다.

외상적 기억이 외상 후 스트레스 장애PTSD와 같은 정신질환으로 발병하기까지는 이전의 외상 경험, 외상 사건의 강도, 가족력과 같은 요인도 중요한 영향을 미치지만, 외상 사건에 대한 해석이 많은 영향을 미친다. 동일한 사건을 경험한 사람이라도 어떤 사람에게는 그것이 회복될 수 없는 외상으로 남기도 하고, 다른 누군가에게는 외상으로 남지 않기도 한다. 외상트라우마이 될지를 결정하는 것은 사건이나 상황 자체보다는 그것에 대한 반응이나 해석이라고 볼 수 있다. 물론 이것이 특정 사건을 경험하고 나서 외상으로 남는 사람에게 그것을 온전히 처리하지 못하고 외상으로 발전한 것이 개인의 잘못이나 책임임을 의미하는 것은 결코 아니다. 외상으로 남는 데에는 과거에 대한 의미부여 및 해석 외에도 여러 가지 요인이 복합적으로 작용하며, 어떤 누구도 과거의 일을 일부러 외상으로 남기고자 하는 사람은 없기 때문이다.

그러나 여기서 강조하고자 하는 것은 과거로부터 새로운 의미를 발견하고 새롭게 해석하는 것이 그만큼 중요하다는 것이다. 상처가 상처로만 남지 않고 건강한 미래를 위한 자양분이 될 수 있도록 하기 위해서는 고통스러운 과거를 직면할 필요가 있다. 그것이 삶에 어떤 영향을 미쳤고, 그 당시에는 발견하지 못했던 어떤 의미를 갖는지, 그것을 통해 어떻게 성장할 수 있을지 생각해보는 과정이 요구되는 것이다. 빅터 프랭클이 이야기했듯 우리가 선택할 수 없는 환경에 있을 때조차 우리는 스스로의 태도를 선택할 수 있는 자유를 가지기 때문이다. 과거에 이미 일어난 일을 되돌릴 수는 없지만, 그것을 바라보는 관점과 태도를 변화시킴으로써 우리는 과거의 희생자가 아닌, 현재와 미래를 새롭게 창조해 나가는 주체가 되기로 선택할 수 있다.

실제로 많은 심리학자가 역경을 겪은 후 성장에 영향에 미치는 요인으로서 '인지적 처리'를 핵심 요인으로 꼽는데, 자신에게 왜 그런 고통스러운 일이 일어났는지 이해하기 위한 시도로서 끊임없이 반추하면서 성숙한 도식을 재건하고, 주변

사람들과 나눔으로써 사회적 지지를 얻으며 과거의 경험을 성찰적으로 돌아보게 된다.[69]

하워드 제어는 범죄 피해로부터의 회복과 관련하여 범죄로 인해 손상된 개인의 자율성을 되찾기 위해서는 재편성 reorganization 과정을 거쳐야 한다고 주장하였다. 그는 그 과정에서 피해자가 받은 물질적·정신적 손실에 대한 보상과 '정보'를 주요한 요소로 꼽았다. 정보와 관련해서는 '무슨 일이 일어났는가? 왜 나에게 일어났는가? 그 당시 나는 왜 그렇게 행동했는가? 그 사건 이후로 나는 왜 이렇게 행동하고 있는가? 그런 일이 다시 일어나면 어떻게 할 것인가? 이 일이 나 자신과 나의 인생관신앙, 세계관, 미래에 어떤 영향을 미치는가'라는 질문에 답하는 것과 관련이 있다. 이를 통하여 피해자는 과거의 일을 정의하고 미래에 어떻게 대처할 것인지 스스로 분명히 할 수 있다. 그는 또한 피해자가 자신에게 일어난 일이 잘못된 것이며, 불의한 일이라는 사실을 확인하고 자신이 겪은 괴로움과 범죄의 진실을 이야기할 기회, 그것을 들어주고 확인해줄 사람이 필요하다고 하였다. 그리고 주디스 허먼과 마찬가지로 의미의 재발견이 회복에 있어서 핵심적인 역할을 한다고 보았다.[70]

3) 일상으로의 회복 및 공동체와의 연결

마지막으로 세 번째 단계는 일상으로의 복귀와 주변 사람들과의 관계 회복, 공동체, 사회와 같은 더 큰 단위와의 연결성을 회복하는 단계다. 안전한 곳을 찾기, 이야기하기를 통해 과거에 대해 새로운 의미를 발견하는 과정을 거치며 개인은 일상과 관계성을 회복해 나가기 위해 준비할 수 있다. 이 단계에서 개인은 새로운 공동체를 찾고 지지와 정서적 교류를 나눌 수 있는 관계를 구축한다. 무너졌던 신뢰 관계를 다시 쌓는 경험을 통해 개인은 타인과 세상에 대해 상실했던 신뢰를 회복하고 여전히 세상에는 질서가 존재하며 삶이 예측할 수 없는 시한폭탄 같은 일들로만 가득 찬 것이 아니라는 사실을 깨닫는다. 외상 사건을 경험하기 전 누렸던 평범한 일상과 관계를 다시 경험할 수 있다는 것을 서서히 몸과 마음으로부터 받아들이며, 잃어버렸던 자아의 중요한 부분들을 되찾는다. 그래서 다시는 가능하지 않으리라 생각했던 평범한 삶의 행복을 느끼고, 새로운 일들을 계획하거나 미래에 대해 생각할 수 있는 데까지 나아간다. 또, 이전에 분열되거나 무너졌던 공동체나 그로 인해 받았던 상처, 그 안에서 경험한 다른 구성원들과의 관계에 대해서도 다시 생각해보는 경험을 할 수 있다.

공동체가 무너지거나 분열된 시점 혹은 그 직후에는

원망이나 분노, 배신감, 좌절, 혼란 등이 지배적인 감정일 수 있다. 그동안 공동체에 들였던 시간과 노력, 열정, 신뢰 등이 모두 거짓이었다거나 무위無爲로 돌아갔다는 생각과 함께, 믿고 따랐던 리더들과 공동체로서 신앙적 가치를 공유하고 함께 성장해왔다고 여긴 사람들과의 관계, 그들이 가진 신앙과 신념에 대한 회의에 빠진다. 그리고 여기에서 파생되는 비통함과 허무함, 불신과 같은 감정들은 오랜 시간 동안 마음에 쉽게 지워지지 않는 생채기를 남긴다. 그러나 시간이 흐르고 치유와 회복의 단계를 거치며 일상으로의 회복 단계에 이르렀을 때 개인은 과거의 공동체나 그곳에 속했던 사람들을 재평가하고 단절되었던 관계가 다시 연결되는 경험을 하기도 한다. 공동체가 무너지는 결정적 사건이 있고 나서 얼마 되지 않은 시점, 즉 감정적으로 아직 고양되어 있을 때는 다른 의견을 가진 사람들과의 만남이 상대적으로 쉽지 않다. 그러나 시간이 흐르며 다른 입장의 사람들, 혹은 반대되는 관점에 대해서도 생각해보는 과정을 거칠 수 있다. 이를 통해 전체적 맥락에서 과거와 현재를 바라볼 수 있도록 하는 것이 일어난 사건에 대해 새로운 의미를 부여하고, 자신만이 희생자가 아니었으며, 타인들 역시 힘든 시간을 보냈다는 사실을 인식하는 데 도움이 된다. 이전 공동체 구성원들과의 만남이나 연결을 통한 객관화는 승화를 통한 분노의 건설적 표출 및 활용 측면에서도 생각해볼 수 있다.

 '분노'에는 본능적 분노, 성찰적 분노, 파괴적 분노의 세 가지 종류가 있다.[7)] 본능적 분노는 폭력이나 상처에 대한 즉각적, 본능적 반응으로서 도덕적, 윤리적 판단이 개입되지 않는다. 반면 성찰적 분노는 특정 사건이나 누군가의 행위에 대한 부당함· 불의함· 불공평함 등의 윤리적 판단을 반영하며, 인간으로서 존엄성이나 안녕이 파괴되거나 위협받을 때 느낀다. 성찰적 분노는 자기방어로서 피해자의 자존감을 지키고 개인 및 공동체를 보호하며 향후에 그러한 잘못이 다시 일어나지 않도록 하는 순기능을 할 수 있다. 반면 파괴적 분노는 본능적 분노나 성찰적 분노가 지나치게 커져서 증오, 원한, 복수 등으로 전이되는 것으로서 행동보다 행위자를 향한 적대감으로 상대방의 존재 자체를 악마화하고 무조건적 증오를 양산한다는 점에서 부적응적이다.

        공동체가 무너진 후 느끼는 분노는 시기에 따라 그 종류가 다르거나 이 세 가지 종류의 분노 중 일부 또는 전체가 혼재된 양상을 보일 수 있다. 본능적 분노는 개인과 공동체가 입은 손상에 따른 자연적인 반응으로 나타날 수 있으며, 성찰적 분노는 공동체의 분열 또는 붕괴가 가져온 개인적, 공동체적 의미와 부당함, 영향력에 대한 인식으로서 '의분義憤'으로 볼 수 있다. 그러나 파괴적 분노는 상대방에 대한 맹목적인 증오와 적대감으로 상황을 객관적으로 바라보기 어렵게 만들며 용서나 화해와 같은 건설적인 방향으로의 전환을 불가능하게 한다는 점에서 역기능적이다. 또한 파괴적 분노를 느끼는 개인의 내면을 피폐하게 한다는 점에서 자기 파괴적이다. 반면 성찰적 분노는 일어난 사건이나 행동에 대한 인지적, 도덕적 평가를 수반한다는 점에서 전술한 빅터 프랭클의 '의미 발견'이나 외상적 사건에 대한 해석, 인지적 처리와도 연결된다. 발생한 불의를 재평가하고 그것이 가지는 함의를 생각하면서 개인은 성장을 경험할 수 있다. 성찰적 분노는 또한 개인 차원뿐만 아니라 공동체적 차원에서 문제를 바라보고 미래의 변화를 위한 행동을 시작하도록 하는 동력을 제공한다는 점에서 의미가 있다. 공동체의 분열 또는 붕괴를 경험한 후 개인은 본능적 분노와 성찰적 분노가 자칫 파괴적 분노로 전이되지 않도록 주의해야 한다. 이는 비단 개인에만 국한되는 것은 아니며 공동체 역시 정의를 추구한다는 명목으로 다른 집단이나 개인에 대한 악마화, 흑백논리에 빠지지 않도록 해야 할 것이다. 파괴적 분노에 함몰될 위험성에 대해 일찍이 니체는 다음과 같이 경고했다.

"괴물과 싸우는 사람은 자신도 괴물이 되지 않도록 주의
해야 한다. 그대가 오랜 동안 심연을 들여다볼 때 심연 역
시 그대를 들여다본다." 프리드리히 니체, 『선악을 넘어서』 中 72)

그러나 안타깝게도 우리는 저마다의 대의명분을 가지고 싸우
는 사람들이 어느새 처음의 목적은 잊어버리고 싸움 그 자체
에 매몰되는 것을 심심치 않게 볼 수 있다. 그렇기에 우리는
인간으로서의 불완전성이 불의를 저지른 행위자뿐만 아니라
우리 자신에게도 해당함을 인지하고 대화와 소통의 창구를 항
상 열어놓아야 한다. 본능적 분노를 성찰적 분노로 승화시키
는 과정을 통해 새로운 의미를 발견하고 행위와 행위자를 구
분하며 타인 및 세계와의 관계를 복구해나갈 때 개인은 회복
을 경험할 수 있다.

공동체 차원의 치유와 회복
 – 이행기 정의 관점에서의 회복과 집단 트라우마의 치유
공동체 차원의 회복과 관련해서는 '이행기 정의'와 '회복적 정
의', '집단 트라우마'의 개념을 통하여 방법을 모색해볼 수 있
다. 여기서는 먼저 이행기 정의와 회복적 정의가 무엇인지 살
펴본 후, 그것을 한국교회의 상황에 어떻게 적용할 수 있을 것
인지 논의할 것이다.

1) 이행기 정의 관점에서의 치유와 회복

1-1) 이행기 정의의 개념

'이행기 정의transitional justice'란 비민주적인 사회에서 민주적인 사회로 이행하는 과정에서 과거의 비민주적 요소들을 제거하고 정의를 가져오도록 하는 것과 관련된 개념이다. 이행기 정의는 2차 세계대전 후 홀로코스트에 책임이 있는 나치 전범들을 재판하기 위한 '뉘른베르크 재판'으로부터 시작되었으며, 이후 1980~90년대 포르투갈과 스페인, 동유럽과 중남미 많은 국가가 공산주의나 독재정권으로부터 민주주의로 이양하는 과정에서 이행기 정의에 대한 논의가 더욱 많이 이루어졌다.[73]

　　　이행기 정의와 관련하여 과거의 불의한 일들을 바로잡고 민주적이고 건설적인 공동체, 사회, 국가를 이루는 방안에는 여러 가지가 있다. 구체적으로는 ① 사법적 처리 ② 진실위원회 ③ 배/보상 프로그램 ④ 정화 및 안전기구공적 기관 쇄신, 관련 문서 공개 ⑤ 사회문화적 과거청산 및 추념 노력 ⑥ 성gender과 관련된 이행기 정의 등이 있다.[74]

　　　① 사법적 처리는 과거 불법적, 반인권적 행위를 저지른 책임자들을 기소, 재판과 같은 사법적 절차를 통해 개별

적으로 처벌하는 것을 의미하며, 중대범죄에 대한 주요 책임자를 조사하고 처벌하는 것을 강조하는 것이다.

② 진실위원회는 사법적 처리만으로는 어려운 진실 규명, 피해자와 가해자의 깨어진 관계 회복 및 화해를 강조하는 것이다. 진실위원회는 일반적으로 가까운 과거의 사건을 다루며, 특정 기간을 정해놓고 활동한다. 조사위원회도 진실위원회의 하나로 볼 수 있는데, 비교적 더 오래된 과거의 일을 다루는 것이 특징이다.

③ 배/보상 프로그램은 국가 혹은 권력기관, 권력자에 의해 입은 물질적, 정신적, 신체적, 사회적 피해 등을 보상하는 것으로, 금전적 피해와 함께 피해가 발생하기 이전의 상태를 회복하는 원상회복, 명예 회복과 같은 상징적 보상, 직업적·사회적 측면의 보상을 모두 아우른다. 일반적으로 금전적 피해와 원상회복의 방법이 많이 이루어진다.

④ 정화 및 공적 기관의 쇄신은 과거 체제하에서 불법적 행위를 저지른 사람들에 대한 인적 청산, 향후 공직 진출을 막는 것, 공직을 행함에 있어서 무결성을 검증하는 것 등을 포함한다. 이는 개인에 대한 정화와 함께 교육, 언론, 공무원 기관 등 다양한 기관 단위에서의 정화를 아우른다. 문서 공개는 과거의 불법행위에 관한 기록들을 피해자 또는 일반 대중

들에게 공개함으로써 과거의 진실을 알 수 있는 권리를 제공하고, 그러한 일들이 다시 발생하지 않도록 하는 예방적 효과를 가진다.

⑤ 사회문화적 측면에서의 추념 노력은 과거의 불법적, 반인권적 행위와 관련된 예술작품영화, 미술품, 음악 등, 기념탑 및 박물관, 추모공원 조성, 기념일 제정, 교육, 역사 교과서 개정 등을 통하여 과거의 상처들을 기억하고 피해자들을 기리며 공동의 기억으로 만들어 가는 과정을 의미한다.

⑥ 성과 관련된 이행기 정의는 억압적 체제하에서 소외되고 핍박받았던 여성이나 소수자의 권리와 명예 회복에 초점을 맞춘다.

각각의 방법은 모두 이행기 정의 실현을 위해 의미가 있고 장단점을 가진다. 사법적 처리의 경우 가해자에 대한 처벌을 통한 정의 실현이라는 측면에서 의미가 있다. 그러나 사법적 처리를 위한 증거 수집의 어려움으로 인해 실제 처벌되는 사람의 수가 많지 않은 점, 소요 기간이나 비용이 막대한 점, 특히 가해자와 피해자가 매우 많고 혼재되어 있는 경우 모든 사례를 다룰 수 없다는 점이 한계로 지적된다. 또, 과거 체제의 권력이 남아있는 경우 효과적인 사법적 처리를 가로막는 장애물로 작용한다.

　　　이런 점으로 인하여 진실위원회가 등장하게 되었는데, 이는 사법적 처리를 통해서 모두 파악하기 어려운 전체 이야기, 진실에 대해서 접근할 수 있게 하고 사법적 처리만으로는 어려운 사회통합과 용서, 화해를 증진한다는 장점을 가진다. 그러나 지나치게 용서가 강조되거나 사면이 남발되는 경우에 대한 우려가 있을 수 있다.

배/보상 프로그램은 피해자가 입었던 경제적, 사회적, 신체적, 정신적 요소에 대한 복구를 가능하게 하고 일상적인 삶을 회복하며 사회로 돌아갈 수 있도록 한다는 점에서 의미가 있다. 그러나 진실에 대한 인정이나 사과, 가해자 처벌이 이루어지지 않은 상태에서의 경제적 보상은 '피 묻은 돈'이라는 비난과 함께 피해자들에게 진정한 보상이 되지 않을 수 있다. 또, 배/보상에 중요한 것은 모든 사람에게 빠짐없이completeness, 보편적인 배보상이 되어야 한다는 것comprehensiveness이다. 그렇지 않으면 피해자는 진정한 보상이라고 느끼기 어려우며, 피해자 간에도 상대적 박탈감이나 의견 대립이 발생할 수 있다.

　　　정화와 공적 기관의 쇄신은 과거와의 연결성을 끊고 새로운 체제로 탈바꿈하는 데 중요한 역할을 한다. 그러나 현실적으로 행정인력, 공무원, 경찰 등 사회질서 유지를 위해 필요한 인력 부족으로 인해 과거 체제에서 일하던 사람들이 재등용되는 경우도 많이 발생하는데, 이는 정화, 공공기관 쇄신이라는 과제와 현실적인 인력 문제, 국가 유지라는 이슈 사이에서 어떻게 균형을 맞출 것인가 하는 문제들을 가져온다.

사회문화적 추념 노력은 과거 체제의 불법적인 일과 그 희생자들을 계속 기억하고 재발을 방지하는 교육적 의미를 지닌다.

마지막으로 성과 관련된 이행기 정의는 과거 체제 속에서 억압받던 여성, 어린이, 소수자 등 다양한 사람들의 인권 함양과 그들의 피해에 대한 보상을 가능하게 하는 것으로서 의미가 있다.

이처럼 각각의 방법은 모두 장단점이 있는데, 이 중 어느 하나만을 선택적으로 사용하는 것보다는 통합적인 접근을 통해 이행기 정의를 추구하고, 각 사회의 상황과 여건에 맞게 적용해 나가는 것이 필요하다. 어느 하나의 방법도 그 자체로서 완벽할 수는 없는데, 예를 들어 사법적 처리가 부재한 상태에서 진실을 이야기하는 것만으로는 충분할 수 없으며, 보상만 있는 상태에서 사법적 처리나 진실 규명이 이뤄지지 않는다면 진정한 의미에서 이행기 정의가 실현되었다고 할 수 없다.

1-2) 회복적 정의

이행기 정의는 다시 응보적 정의retributive justice와 회복적 정의 restorative justice로 나눌 수 있다. 하워드 제어는 이 두 가지의 개념적 차이에 대하여 다음과 같이 정리하였다.

> 응보적 정의는 사법적 영역에 초점을 맞추고 범죄는 법을 어기는 것으로서, 범죄로 인한 권리 침해의 대상을 국가로 간주한다. 따라서 법을 어긴 주체가 그에 대한 법적 처벌을 받도록 하며 사회적 비난이나 수치심, 죄책감과 같은 것들이 이에 수반된다. 그러나 이는 형벌이 화해에 우선하고, 국고로 귀속되는 벌금이 피해자에 대한 손해배상을 대체하게 하여 결과적으로는 실제 피해자의 이익이 감소할 수밖에 없는 구조를 가진다. 또한 국가가 소송에 참가할 권리가 있다는 주장으로 시작하여 소송 당사자임을 주장한다.75)

이에 반해 회복적 정의는 사람들 사이의 관계에 초점을 맞추고, 범죄를 관계에 해를 끼치는 것으로 정의한다. 그리고 피해 입은 개인 또는 공동체에 미친 영향을 가해자가 깨달음으로써 그에 적절한 보상이나 책임을 지도록 한다. 그 과정에서 피해

한국교회
분단과 분열의 트라우마를 넘어서

자, 가해자, 공동체가 함께 지속적인 대화와 소통, 협력에 초점을 맞춘다. 이런 점에서 회복적 정의는 처벌 중심적인 응보적 정의의 과정에서 소외되었던 피해자와 공동체가 함께 참여할 수 있는 여지를 제공하며, 실제로 피해자, 공동체가 필요로 하는 것이 무엇인지에 대한 논의를 통해 회복에 기여한다.[76]

응보적 정의는 가해자가 국가에 대한 범죄 행위에 대한 대가를 치르도록 하는 것을 주요 목표로 하면서 가해자와 피해자 양측을 모두 주변화시키는 측면이 있다. 가해자는 피해자가 실제로 입은 피해나 그로 인한 고통을 직면할 기회가 없고, 사법적으로 내려지는 판결에 더욱 주의를 기울이면서 자신의 양형을 줄이는데 더 초점을 맞추거나 피해자가 받은 영향에 대해서는 전혀 인지하지 못한다. 또한 피해자 역시 가해자가 법적 처벌을 받는 경우에도 형량이 충분치 않다고 느끼거나, 더 나쁜 경우 아무런 처벌도 받지 않는 것을 보며 좌절하거나 분노하기도 한다. 또, 이런 사법적 처벌이 가해자에게 잘못에 대한 응분의 책임을 지도록 하는 측면이 있지만, 피해자의 삶 가운데 손실된 것에 대한 복구나 보상이라는 점에서는 부족한 부분이 많다. 피해자가 가해자의 법적 처벌보다 다른 영역에서의 보상이나 회복이 이루어지기를 바랄 수도 있고, 그런 경우 응보적 정의에서는 이에 대해 충분히 다루기에는 한계가 있다.[77]

이에 반해 회복적 정의에서는 가해자와 피해자 사이의 전인적 회복에 초점을 맞추며,[78] 이는 개인적인 차원뿐만 아니라 그 가족, 공동체라는 더 넓은 범주까지 참여시키며 손상된 것들을 복구하고 회복될 수 있도록 하는 데 주안점을 둔다. 즉, 범죄로 인해 뒤틀어진 관계를 바로잡고 화해하며 정상적인 관계로 돌아갈 수 있도록 도와주며, 범죄로 인해 잘못된 결과를 정정하는 과정에서 변화가 시작되도록 유도한다.[79]

회복적 정의에서는 응보적 정의에서 주변화되었던 가해자와 피해자가 다시 중심에 서고, 변화와 그로 인한 긍정적 결과를 누릴 수 있도록 한다. 이는 피해자에게 손상된 부분에 대한 복구를 선물할 뿐만 아니라 가해자 역시 자신이 저지른 불의로 인한 결과를 마주하고 그로 인해 영향을 받은 사람들이 있었음을 인지하도록 한다. 그리고 자신의 과거 행위에 대해 반성하고 사죄하며 다시 그런 잘못을 다시 하지 않도록 하는 마음의 변화를 가져오는 효과를 가진다.

회복적 정의의 개념을 활용한 대표적인 사례로는 당사자와 관계자들의 자발적 대화를 통해 피해를 회복하고 책임의 영역을 만들어가는 회복적 대화모임을 들 수 있다. 이러한 대화모임에는 중재자의 주관하에 피해자와 가해자가 직접 만나 그에 대한 책임과 의견을 교환하고 자발적 합의에 이르도록 하는 피해자-가해자 조정/화해 프로그램Victim-Offender Mediation/Reconciliation Program이 있다. 이는 모임의 범위가 개인에 맞춰져 있다. 이에 반해 대화모임의 주체를 당사자뿐만 아니라 그로 인해 피해와 영향을 받는 사람들로 확대한 공동체 대화모임도 있는데, 이러한 모임에는 피해자와 가해자뿐만 아니라 가족까지 함께 만나 해결을 모색하는 가족 자율 협의회 Family Group Conference, 가족이 아닌 학교나 또래집단, 지역사회 등이 주축이 되어 공동체의 협의를 도출하는 회복적 협의회Restorative Conference, 북미 원주민 문화에 기반하여 피해자와 가해자의 가족, 친지, 친구, 지역 원로 등이 지역센터에서 비공식적으로 만나 문제를 해결하는 서클Circles, 사법 재판을 대신해 사법 관계자와 당사자, 공동체가 함께 진행하는 양형서클/평화서클Peacemaking Circle, 공동체의 크고 작은 갈등과 분쟁을 해소하기 위해 여는 서클인 공동체 서클Community Circle 등이 있다.80) 국가 차원에서는 과거의 범죄 행위에 대한 진실을 밝히고 피해자는 자신이 받은 피해와 고통에 대해 진술하고 그에 대한 보상, 책임을 묻고 가해자는 진실을 이야기하는 대신 사면 혹은 용서를 받도록 하는 진실화해위원회Truth and Reconciliation Commisions가 활용되고 있다. 진실화해위원회는 남아프리카 공화국, 유고슬라비아 등 다양한 분쟁과 사회갈등을 경험한 국가에서 진행되었다. 그 밖에도 북아일랜드 등 피해자와 가해자 집단 간 만남과 대화를 통하여 갈등을 해소하기 위해 노력한 다양한 사례들을 찾아볼 수 있다.

지금까지 기술한 응보적 정의와 회복적 정의의 차이를 간략하게 정리하면 다음과 같다.

범죄에 대한 이해[81]

응보적 렌즈	회복적 렌즈
범죄는 규칙에 대한 침해로 이해〈깨어진 규칙〉	범죄는 사람과 사람의 관계에 대한 침해로 이해〈깨어진 관계〉
침해를 추상적으로 정의	피해를 구체적으로 정의
범죄는 다른 피해와 종류가 다름	범죄는 다른 피해 및 갈등과 종류가 같음
피해자는 국가	사람과 관계가 피해자
국가와 가해자가 당사자	피해자와 가해자가 당사자
피해자의 요구와 권리 무시	피해자의 요구와 권리 중심
개인 상호 간의 차원은 무의미	개인 상호 간의 차원이 중심
범죄의 갈등적 성질이 흐려짐	범죄의 갈등적 성격이 인식됨
가해자의 상처는 주변적	가해자의 상처도 중요함
범죄는 기술적·법적 용어로 정의	범죄는 도덕적, 사회적, 경제적, 정치적인 전체 맥락에서 이해

이행기 정의 실현 방식 중 어떤 것은 응보적 정의에 더 가까운 것도 있고, 어떤 것은 회복적 정의에 더 가까운 것도 있다. 혹은 응보적 정의와 회복적 정의가 혼합된 형태로 나타나기도 한다.

사법적 처리는 응보적 정의에 의한 해결 방법이며, 이행기 정의 실현을 위한 주요한 한 축이다. 그러나 사법적 처리에 의한 해결이 이루어지고 난 후에도 여전히 개인 혹은 공동체는 상처 입은 채로 이에 대한 치유와 회복를 필요로 한다. 응보적 정의만으로는 개인 내, 개인과 개인 간, 공동체 안의 상처를 모두 싸매고 보듬기에 한계가 있기 때문이다. 실제로 최근에는 사법적 영역에서도 회복적 정의의 개념을 도입하려는 움직임이 일어나고 있기도 하다.

진실위원회의 경우 가해자와 피해자, 공동체의 회복, 나아가서는 화해를 추구한다는 점에서 회복적 정의에 가깝다고 할 수 있지만, 진실 규명을 전제로 하며 남아프리카 공화국의 진실과화해위원회와 같이 법적 처벌을 면제해줄 수 있는 사법적 권한을 가지기도 한다는 점에서 응보적 정의의 요소도 함께 결합될 가능성이 있다.

배/보상은 경제적 형태가 가장 주된 것이지만 그 외에도 피해자가 원하는 것이 무엇인지에 따라 가해자와 피해자 사이의 만남과 대화, 합의 과정을 통하여 피해자가 원하는 것을 제공할 수 있다. 이때 배/보상은 회복적 정의의 성격을 띨 수도 있다. 한편 많은 경우 실제적인 배/보상이 사법적 처리 결과 혹은 그 과정의 일부로서 진행되기 때문에, 응보적 정의와도 밀접하게 연결될 수밖에 없다.

관련 기관의 쇄신 및 정화는 공동체 차원에서 자발적, 내부적 형태로 진행될 때는 회복적 정의에, 사법기관이나 외부 감사 기관의 도움이나 판결, 권고사항에 따라 진행될 때는 응보적 정의에 가까운 성격을 띨 수 있다.

이처럼 각각의 요소들은 응보적 정의와 회복적 정의 중 어느 한 가지에 더 가까울 수도 있고, 두 가지가 결합된 양상으로 나타날 수도 있다. 이상적으로는 이 모든 요소가 개인과 공동체, 교회의 회복과 쇄신을 위해 다 이루어진다면 좋겠지만, 현실적인 제약으로 인하여 이 중 일부만 선택적으로 진행해야 하거나, 순차적으로 진행해야 할 수도 있다. 이러한 제약을 인지한 상태에서 정의 구현, 치유와 회복을 위해 필요로 하는 모든 시도가 이루어질 수 있도록 노력해야 한다.[82]

1-3) 한국교회에서의 이행기 정의 적용

한국교회 안에는 다양한 형태의 문제들이 산적해 있다. 교회개혁실천연대가 펴낸 '교회개혁, 그 길을 걷는 사람들 10년의 발자취[10년 연감보고서]'에는 부설 상담소에서 다룬 분쟁 관련 상담 교회의 수가 2003년 10개, 2004년 18개, 2005년 26개, 2006년 24개, 2007년 34개, 2008년 35개, 2009년 40개, 2010년 30개, 2011년 25개, 2012년 19개였고, 분쟁의 종류로는 행정 전횡이 38.1%, 재정 전횡 53.1%, 부당한 치리 및 표적 설교 35.3%, 목회자의 성폭력 13.9%, 교회 건축 및 매매 22.6%, 설교 표절 및 이단적 설교 7.6%, 허위 이력 및 청빙 문제 15%, 교회법 3%, 기타 18.2%인 것으로 나타났다.[복수 응답 83]

2019년에는 총 89개의 교회를 대상으로 실질적으로 진행된 100건의 상담 중 재정 전횡이 28회, 교회 운영 문의[정관 및 교단 현법] 14회, 인사 및 행정 전횡 9회, 기타 8회, 세습 6회, 부당 치리 5회, 청빙 문제 4회, 설교 표절 및 이단성 4회, 교회 운영문의[재정] 3회, 성폭력 3회 등으로 나타났다. 그리고 이런 분쟁의 배경이 된 유형으로는 인사 및 행정 전횡 21회, 재정 전횡 7회, 청빙 문제 4회, 세습 2회, 설교 표절 및 이단성이 2회인 것으로 집계되어 교회가 겪는 문제의 배경이 대부분 인사와 행정, 재정, 청빙, 세습과 관련되어 있음을 알 수 있다.

또, 연계된 분쟁유형으로는 세습과 재정 전횡이 공동 1위로 나타나 세습 문제가 전횡의 결과물로서 나타나는 현상일 수 있음을 시사하였다.[84)]

한국교회에서 이행기 정의와 회복적 정의의 개념을 적용하여 이 같은 문제를 어떻게 해결할 수 있을지는 간단치 않다. 또한 교회 내 다양한 이해관계가 존재하고, 잘못을 저지르거나 불의한 일을 한 리더십 혹은 교회 내 특정 집단, 개인 등이 여전히 강한 영향력을 가지는 경우 잘못을 바로잡기가 현실적으로 쉽지 않다. 따라서 각 교회나 개인, 교단 등이 처한 상황에 따라 이행기 정의에 해당하는 요소 중 적용 가능한 범위가 달라질 수 있다.

교회 문제를 해결하는 방법은 일차적으로는 교회 내에서 해결하는 것이지만, 이것이 여의치 않을 때는 소속 노회나 교단 단위 혹은 사회의 사법 재판소에서 소송을 진행한다. 많은 교회나 노회에서는 교회법을 통한 해결을 지향하지만, 다양한 이유로 그것이 불가능할 때가 있다. 예를 들어 교회법이 너무 오래되거나 규정이 불분명한 경우, 목회자 입장에서 제정된 독소조항, 교회 재판 결과가 일반 상식이나 정서와 괴리를 보일 때 등이다.[85)] 교회 안에서 분쟁이나 범죄 행위에 대한 올바른 판결과 그에 따른 절차들이 이루어질 수 있다면 가장 이상적이겠지만 사실을 축소, 은폐하여 피해자에게 2차 피해를 줄 수 있는 상황에서는 사회 법정을 통한 해결이 불가피하다.[86)

그러나 교회 문제가 사회 법정으로 가는 과정에서 교회 안에 많은 분열이 발생하거나 피해자가 충분히 보호받지 못하거나 피해자의 권리나 요구에 충분히 귀 기울이기 어렵다는 점, 교회에 대한 비기독교인들의 부정적 인식이 더욱 강화될 수 있는 점, 소송 결과가 나오기까지 많은 시간과 비용이 요구된다는 점 등 감수해야 하는 부분이 많은 것 역시 사실이다. 또, 개인과 교회공동체에 상처를 입힌 주요 책임자들이 그에 상응하는 법적 처벌을 받을지 보장할 수 없다는 맹점이 있다. 교회법에 따라 처리되는 경우에도 교회법의 한계나 교회법에서 다루지 못하는 사각지대로 인해 완전한 문제의 해결이 어려울 수 있다. 따라서 교회 및 사회의 변화상과 인식을 반영하고, 교회법에서 미진한 부분을 개선해나갈 수 있도록 지속적으로 교회법에 대한 검토와 재개정이 이뤄져야 할 것이다. 또한 교회법을 적용함에 있어 특정 집단의 이해관계에 따른 유불리가 작용하지 않도록 중립성과 공정성, 객관성이 확보되어야 한다.

진실화해위원회는 주로 국가 단위의 국내 사법 재판소 혹은 국제형사재판소 차원에서 운영되기 때문에 교회에서 이를 그대로 적용하기에는 무리가 있다. 그보다는 조사위원회를 운영하여 진상을 규명하고, 사실관계를 밝히는 데 주안점을 두도록 할 수도 있다. 또는 진실과화해위원회에서 하는 것처럼, 가능하다면 공동체 안에서 상처 혹은 피해 입은 개인/집단들과 피해, 분열을 야기한 개인/집단의 이야기를 모두 듣고 그것을 기록으로 남기며, 한 걸음 더 나아가 이들 사이에 대화가 이루어지도록 하는 것을 생각해볼 수 있다. 이는 앞서 회복적 정의 프로그램으로 소개한 '피해자-가해자 조정/화해 프로그램'과 유사한 형태를 띨 수 있다.[87] 또한 그 범위를 확장하여 피해자와 가해자뿐만 아니라 공동체가 함께 참여하는 방식으로 '양형서클' 모델을 활용할 수 있다. 진실에 대한 기록을 남기는 것과 관련하여 진실화해위원회는 활동 기간이 종료되는 시점에 백서를 발간하는데, 이를 통하여 일어난 사건에 대한 전체적인 맥락과 다양한 이해관계자들을 통하여 증언된 내용을 기록으로 남기고 이후 후속 조치를 위한 초석으로 활용한다. 교회 안에서 일어난 문제들과 관련해서도 이와 같은 진실 관계를 담고 있는 기록물을 만드는 것이 중요한 한 축이 될 수 있다. 많은 교회에서 다양한 문제가 나타나고 잘 해결되지 않은 채 악순환이 계속 반복되는 것은 일어난 사건에 대한 명확한 진실 규명 및 이에 대한 공동체 차원의 공유와 기록, 동일 혹은 유사한 사건이 재발하지 않도록 하기 위한 공동체의 약속과 헌신, 구체적인 후속 조치 및 시행 노력이 부재한 다는 데서 기인하기 때문이다. 기록을 남기는 과정에서도 역시 그것이 특정 집단의 입장 혹은 이익을 대변하지 않고, 중립적이며 객관적인 시각에서 사실에 입각해 기술되도록 하는 것이 중요하다.[88]

배/보상의 경우 교회 내에서 피해 입은 개인 및 집단의 요구사항을 듣고 피해의 성격에 따라 그들에게 적절한 보상이 무엇일지를 피해 당사자들과 함께 상의하여 결정할 수 있다. 이는 경제적, 신체적, 정신적, 영적, 사회적 측면 등 한 개인 및 집단의 실체를 구성하는 데 영향을 미치는 모든 영역에 해당하는 것이다. 사안에 따라 교회법 또는 사회법에 의한 판결 및 그 결과에 따른 배/보상이 필요할 시 추가적인 조치를 더 진행할 수 있다. 적절한 배/보상이 이루어지기 위해 선행될 조건은 피해 당사자인 개인 혹은 집단의 목소리와 입장을 충분히 듣고, 이를 반영하여 배/보상 과정을 진행할 수 있는 조직이나 기관이 교회 내 혹은 외부단체에 마련되어야 한다는 것이다. 교회 내에 문제를 야기한 당사자나 관계자들이 여전히 권력을 장악하고 있는 경우에는 적절한 배/보상이 이루어지기 어려울 수 있다. 따라서 피해자들을 보호하고 이들이 충분히 만족할 수 있는 배/보상이 될 수 있도록 힘의 균형이 이루어져야 하며 이들과 함께 할 수 있는 공동체 내외부의 조직 혹은 기관이 필요하다.

정화 및 관련 기관의 쇄신에 있어서는 공동체와 개인에게 피해 입힌 사람들이 다시 교회 내에서 영향력 있는 위치에 서는 것을 제한하고 무너진 공동체, 교회를 세우는 과정이 요구된다. 한국교회에서는 개인 및 공동체에 상처를 입힌 사람, 심지어는 성폭력, 횡령과 같은 범죄 행위를 일으킨 목회자들에게 지나치게 관대한 태도를 보이는 경향이 있다. 불의를 저지른 사람들을 너무 쉽게 용서하고 이들이 진정한 참회나 피해자에게 사과, 속죄하는 과정 없이 다시 공동체와 교회의 울타리 안으로 들어오도록 하며, 심지어는 교회의 지도자가 되도록 허용한다. 피해 당사자인 개인과 공동체 구성원들이 이들을 용서하지 않을 때도, 교단이나 교회를 구성하는 또 다른 공동체의 일원들이 피해 당사자들이 동의한 적 없는 용서를 하고, 이들이 다시 당당하게 복귀할 수 있도록 한다. 개인 차원이 아닌 공동체 차원에서의 용서와 화해가 요구될 때는 개인 차원에서보다 고려할 사항이 훨씬 많다. 그렇기에 용서와 화해의 주체가 누가 될 것인지에 대해서 더 섬세하고 배려 있는 논의가 필요하다. 그러나 한국교회의 폐쇄성과 지나치게 관대한 자기용서 관행은 문제가 발생할 때마다 이를 덮고 서로 용서해주며, 불의가 지속되거나 악화되도록 하는 밑거름이 되었다. 교회 차원에서도 교회 안에서 발생한 문제로 인해 손상된 공동체를 어떻게 회복해 나갈 것인지에 대한 구체적인 논의나 노력을 기울이지 않는 경우가 많다. 그러나 공동체 차원에서 과거에 일어난 사건이 현재에 이르기까지 어떤 영향을 미쳤고 앞으로 어떤 영향을 미칠 것인지를 신중하게 검토하고 공동체를 정화, 개혁하며 다시 세우기 위해 노력해야 한다. 일부 교회들에서는 이런 역할을 성도들을 중심으로 '정상화위원회' 등을 통하여 진행하기도 한다. 치유와 회복과정에서 용서와 화해를 이루기 위해 어떤 때에는 개인과 공동체에 위해를 가한 이들을 용서하고 이들을 다시 보듬는 것이 현실적인 선택지가 될 때도 있다. 이는 국가 차원에서 이루어지는 진실화해위원회를 살펴봐도 그렇다. 현실과 이상의 사이의 어쩔 수 없는 괴리를 인정하고 그 간극을 메우며 균형감 있고 실제적인 방안들을 찾는 것이 우리 몫일 수도 있다. 그러나 현실적인 제약으로 인해 어쩔 수 없다는 것이 정화와 쇄신을 위한 최대한의 노력을 쏟는 데 있어 변명이 되어서는 안 된다. 또한, 가시적인 문제가 발생하지 않은 경우에도 잠재적으로 발생할 수 있는 다양한 문제들을 예방하고, 교회공동체의 건강성과 다양성, 균형성을 확보할 수 있도록 교회 내외부의 감사기관을 두고 리더십 및 교회 시스템에 대한 견제와 감사가 진행되도록 하는 것도 하나의 방법이다. 많은 교회에서는 아직 전체 교인, 구성원 모두에게 정보를 투명하게 공개하고 함께 의사결정을 하도록 교인들의 참여를 독려하는 개방형 시스템을 갖추지 못하고 있다. 재정 사용이나 후임 목사 청빙과 같이 교회의 매우 중차대한 사안에 대해서도 일부 장로 및 임직자로 구성된 위원회를 통하여 주요한 결정들을 내리고, 교인들에게는 그 결과를 통보하는 경우가 많다. 그러나 이는 교회의 구성원으로서 교인들을 존중하는 것이라고 보기 어려우며, 그들을 함께 참여시키지 않는 비민주적인 방식이다. 또한 교회 시스템을 폐쇄적이고 은밀한 것으로 변질시키고, 몇몇 주요 관계자들만 정보를 공유하며 의사결정의 투명성, 공정성 등을 보장하기 어렵다. 자칫하면 치외법권과 같은, 누구도 통제할 수 없는 사각지대가 될 염려도 있다. 후임 목사 청빙, 재정 사용과 같이 교회에서 매우 중요한 사안에 대해서는 그 과정과 결과를 모두 전 교인들과 함께 공유해야 하며, 공청회 등을 통한 민주적이고 참여적인 의사결정 방식을 제도화할 필요가 있다. 많은 교회에서 재정 예산은 세우지만 결산은 하지 않거나, 결산 내역을 교인들과 공유하지 않는 현실에 대해 우리는 곰곰이 생각해보고, 변화 노력을 기울일 필요가 있다.

사회문화적 측면과 관련하여서는 교회 안에서 일어난 불의한 일 혹은 그로 인한 피해에 대하여 교회공동체로서 함께 회개하고 상처나 피해 입은 개인 혹은 집단의 고통을 함께 나눠지기 위한 공동체적 분위기가 형성되어야 한다. 이스라엘 민족은 일 년에 한 번 대속죄일마다 이스라엘 공동체 안의 모든 죄악을 고백하고 희생제물을 드렸다. 대속죄일 외에도 이스라엘 민족은 일상적인 제사와 절기 제사를 드렸지만, 대속죄일은 이스라엘 민족 전체의 죄에 대한 용서를 구하는 '공동체적 회개와 용서'의 의미를 지니는 날이었다. 교회 안에서 일어난 불의와 분열은 개인뿐만 아니라 공동체로서의 교회에도 큰 영향을 미친다. 불의에 직접적으로 참여한 사람이든 아니든, 교회의 구성원들은 공동체로서 그에 대한 연대적 책임과 '갈라진 틈 사이에 서는' 중보자로서의 사명을 가진다. 따라서 교회 안에서 일어난 잘못된 일들에 대해 공동체로서 함께 회개하고 상처받고 고통받은 사람들과 함께하며, 그들의 목소리에 귀 기울이고, 그들이 다시 공동체의 일원으로서 지위와 이전의 삶을 회복할 수 있도록 공동체 분위기를 조성하는 데 기여해야 한다. 상처와 피해를 받은 이들에 대한 애도와 추념을 이어나가고, 공동체가 무너졌던 경험에 대하여 계속적으로 기억하고 공유된 기억을 형성하며, 같은 일이 반복되지 않도록 해야 하는 것이다. 회개와 치유, 평화, 용서와 화해 무드를 조성하기 위한 공동체적 노력을 지속적으로 기울일 때 교회공동체는 무너진 성벽을 재건할 수 있다. 이는 과거와 현재가 단절되어 있지 않으며, 공동체로서 교회가 가지는 책임, 내가 직접적으로 하지 않은 일일지라도 공동체 구성원으로서 함께 져야 하는 역사적 사명과 회개의 의무를 우리가 가지기 때문이다. 또한 개인, 교회로서의 상처를 넘어 분단 트라우마 관련하여서도 이를 확장 적용할 수 있다. 우리는 그동안 역사 속에서 교회의 과오에 대하여 충분히 듣지 못하였고, 공동체로서 그에 대한 인식, 속죄, 회개가 매우 부족하였다. 전쟁을 경험하지 못한 세대들은 이전 세대로부터 부모들이 겪은 고통과 핍박에 관한 이야기만 들었을 뿐, 교회가 상처 주었던 사람들과 기독교인들이 저지른 잘못에 대해서는 듣지 못했다. 이전 세대들이 이야기하지 않았기 때문이다. 그러나 교회에서 일어난 일들이 교회 내외부에 미친 영향을 인식하고 그 가운데 교회공동체로서 우리 모두 그 죄로부터 자유할 수 없으며, 회개하고 용서를 구하며 바로잡을 책임이 있음을 항상 명심해야 한다. 그리고 이와 관련하여 교회 역사박물관 등을 통한 기록과 기념, 지속적인 사과와 회개, 후세대 교육을 위한 노력을 기울여야 할 것이다. 또한 한국교회에서 북한이나 북한출신 주민들을 대하는 태도에 대해서도 돌아볼 필요가 있다. 한국교회 중 북한 사역이나 북한출신 주민 관련 사역을 하는 교회 수는 아직도 전체 교회 수에 비하면 소수에 불과하다. 또한 북한출신 주민들이 한국교회 안에서 적응하고 함께 함에 있어서도 현실적인 어려움이 많으며, 교회에서 이들을 제대로 품지 못하고 분리되거나 북한출신 주민만으로 구성된 교회를 세우는 경향을 보인다.[89] 북한 사역을 하는 경우에도 정치적으로 편향된 입장을 보이거나, 북한 혹은 북한주민, 한국 내의 북한출신 주민에 대한 편향된 시선에 갇혀있는 경우가 적지 않다.[90] 이들이 한국교회와 한국 사회 안에서 동등한 구성원으로서 존중받고 있는 모습 그대로 받아들여질 수 있도록 우리는 교회 내외부에서 올바른 역사 인식과 민주시민의식 함양을 위한 노력을 기울이고, 후세대가 건강한 역사관과 공동체 의식, 시민의식을 가질 수 있도록 해야 한다.

성과 관련된 이행기 정의 실현 측면에서는, 남성중심적이고 가부장적인 교회 문화를 변화시키기 위한 노력이 요구된다. 남성들이 리더십과 중직을 대부분 차지하며 여성은 남성을 보조하는 역할에 한정 짓는 현재의 교회 분위기 속에서 여성들의 목소리는 묻히기 쉽고, 권리를 보호받기 어렵다. 교회 안에서 유난히 목회자에 의한 성폭력이 많이 일어나고 지속되고 있음에도 변화가 쉽지 않은 것은, 폐쇄적이고 권위주의적인 교회 문화와 시스템이 굳건히 자리 잡고 있기 때문이다. 교회 내에서 여성들이 겪는 폭력이나 차별은 수면 위로 잘 드러나지 않는다. 교인들의 존경과 신망을 한 몸에 받는 목회자 혹은 중직에 있는 인물들에 의해 자행되는 성폭력을 비롯한 다양한 형태의 폭력에 대하여 피해자들은 이야기하기가 어렵다. 이야기해도 자신들의 말을 믿어 주고, 적절한 후속 조치들이 이루어질 것이라는 신뢰나 기대를 품기 어렵기 때문이다. 오히려 성폭력 피해자들을 탓하고 비난하는 일들이 여전히 비일비재하게 일어나고 있다. 우리는 이들이 적절한 도움을 받고 여성에 대한 교회 안의 편견과 잘못된 인식으로 인해 2차 피해를 입지 않도록 주의를 기울여야 한다. 또한 여성들의 권리를 보호하기 위한 개교회 내 혹은 교회 간, 교단 내, 교단 간 연합 여성단체를 조직하거나 기존 조직을 강화해 이들의 권익을 보호하도록 할 수도 있다. 아울러 교회 안에서 여성 리더십을 기르고 여성들이 중직을 맡고 주요 의사 결정 과정에 참여할 수 있도록 제도적으로 보장하여 여성들의 권익이 충분히 반영되고, 여성에 대한 교회 내 범죄 행위나 불의가 일어나지 않도록 해야 한다. 그러나 이는 비단 여성이 피해자인 경우에만 국한되는 것은 아니며, 남성 역시 교회 안에서 성적 피해나 그 외 불의한 일을 경험하였다면 마땅히 권리를 보호받을 수 있도록 해야 할 것이다. 또, 성폭력 상담 및 후속 조치를 위해 이미 활동하고 있는 교회 단체들의 역할과 영향력을 확대하고, 더 많은 지원기관이 마련되도록 해야 한다. 나아가 보다 근본적인 방안으로는 교회 안에서 여성과 남성에 대한 잘못된 인식, 성경에서의 여성상과 남성상, 하나님과 예수 안에서 발견하는 남성성 혹은 여성성에 대한 왜곡된 해석과 인식을 바로잡고, 건강하고 균형 잡힌 시각을 가지도록 해야 한다. 남성과 여성을 이해하는 데 있어 한쪽이 다른 한쪽보다 열등하거나 다른 쪽의 필요를 채우기 위한 도구적 존재라는 잘못된 인식을 버리고, 그리스도의 몸 된 지체로서 서로를 존중하고 상호 의존성을 인정하며 건강한 관계를 형성해 나가도록 할 필요가 있다. 이를 위해 교회 안에서 여성성과 남성성, 여성상과 남성상에 대한 세미나, 토의, 성교육 등을 진행하고 목회자와 중직자, 성도 등 교회 구성원 전반이 올바른 성인식을 형성하도록 교육 및 다양한 활동을 진행할 수 있다. 또, 성폭력 등 성과 관련된 문제를 일으킨 개인이나 집단에 대한 엄중한 처벌과 복권을 금지하는 제도적 장치를 마련하여 이러한 문제가 교회 안에서 뿌리내리지 못하도록 할 필요가 있다.

2) 집단 트라우마의 치유

교회 안의 분단과 분열 트라우마의 치유를 위해서는 개인뿐만 아니라 집단 차원에서 공동체가 경험한 트라우마를 회복해 나가기 위한 심리적 과정이 요구된다.

집단 간 분열이 일어날 때는 각각의 집단 내에서 자신들만의 서사가 구성된다. 명확하게 가해자와 피해자를 구분 가능한 사안이든 가해자와 피해자가 복잡하게 혼재된 경우든 각 집단은 자신들의 입장과 정당성, 동기를 가지며 반복 전승되는 이야기를 통해 집단 정체성과 정당화의 근거는 계속해서 강화된다. 에버렛 워딩턴Everett L. Worthington, Jr.은 이 과정을 다음과 같이 설명했다.

다른 집단의 사람들과 만나지 않고 폐쇄적이며 소통이 이루어지지 않을 때는 상대 집단에 대한 경쟁심과 내집단에 대한 소속감이 더욱 심화된다. 반면 상대 집단과 교류하고 이야기를 나누면 처음에는 과거의 경험이나 이전 세대에게서 들은 이야기들이 다시 떠오르며 더 강력하고 위협적인 감정을 느낄 수도 있지만, 교류를 많이 할수록 상대방에 대한 적대감 수준이 낮고 우호적인 태도를 나타낸다. 또한 상위 수준의 과제를 함께 할 때 집단 간 차이를 덜 느끼게 된다는 선행연구 결과도 보고되고 있다. 그러나 이런 일이 일어나기란 쉽지 않으며, 사람들은 내집단에 대해서는 좋은 감정들을 귀인하고 외집단에 대해서는 부정적인 감정을 그들의 기본 속성으로 연결 지으며 비인간화하는 경향이 있다. 이는 '심리적 본질주의 psychological essentialism'라는 개념으로 설명할 수 있는데, 사람들은 내집단은 전형적인 인간의 본질을 가진다고 간주하는 반면 상대 집단은 비인간화하는 경향이 있다. 나치가 유대인이나 집시, 병자들을 비인간화했던 것이나 아메리카 대륙을 정복한 유럽인들이 원주민들을 짐승과 인간 사이의 존재로 치부하고 잔인하게 대했던 것이 바로 이에 해당하는 사례라고 할 수 있다.[91]

분열과 갈등이 일어난 후 교류가 단절되면 상대에 대한 고정관념과 악마화, 비인간화가 확대 재생산된다. 그렇기에 상대 집단과의 지속적인 만남과 대화, 교류가 요구되는 것이며, 이를 통해 우리는 상대방을 재인간화하고 그들에게도 인간적인 속성과 나의 내집단이 경험한 것과 같은 상처와 아픔이 있음을 볼 수 있어야 한다.

한편 에버렛 워딩턴은 상대 집단을 용서하기가 어려운 또 다른 이유로 개인보다 집단 전체를 신뢰하기가 더 어렵다는 점을 지적한다. 개인의 경우 한 사람으로서 그의 태도나 의도를 파악하기가 쉽지만, 집단은 서로 다른 생각과 태도를 가진 개인의 집합체로서 집단 안에도 온건하거나 중립적인 태도를 가진 사람부터 극단적이고 호전적인 태도를 가진 다양한 범주의 사람들이 존재할 수 있기 때문이다. 그렇기에 다양한 사람들이 가지는 생각과 태도 중 어떤 것이 상대 집단의 상태를 대변하는 것인지 가늠하기가 어렵고, 설령 상대 집단이 화해와 교류의 손짓을 보낸다 해도 여전히 그 가운데 극단적인 입장을 가진 사람들이 있음을 전제할 수밖에 없다. 그 밖에 상대 집단을 신뢰하기 어려운 또 다른 이유는 내집단에 대해 가지는 태도와 내집단 내에서 형성하는 개인의 정체성이 상대 집단의 사람들에 대한 태도에 영향을 미치기 때문이다. 사람들은 내집단의 구성원이 가해자 입장에 처할 때는 그의 의도를 더 긍정적인 방향으로 생각하고 관대한 태도를 보이는 경향이 있다. 또한 내집단과 자신을 동일시하는 정도가 강하고, 내집단

이 피해자라고 생각하면 상황을 객관적으로 보거나 용서하기가 더 어려워진다.[92]

      이러한 심리적 어려움을 극복하기 위해서 우리는 어려울지라도 계속 상대방과의 접촉과 소통을 시도하며, 새로운 이야기와 공유된 기억, 건강한 공동체 정체성을 형성하기 위해 노력해야 한다. 트라우마를 경험한 개인이 그러하듯 트라우마를 겪은 공동체 역시 이전과 완전히 동일한 모습으로 회복될 수는 없다. 그 안에는 트라우마 사건이 남긴 상처와 흉터가 전쟁 후 여전히 남아있는 총탄 자국과 같이 곳곳에 새겨져 있다. 그러나 그것이 우리의 공동체가 영원히 무너진 상태로 남아 회복될 수 없음을 의미하는 것은 아니다. 바벨론의 포로 생활에서 돌아온 느헤미야는 이스라엘의 무너진 성벽, 즉 정치적·물리적 측면에서의 재건을 시작했으며, 에스라는 영적 재건에 앞장섰다. 이행기 정의를 통한 회복이 느헤미야가 했던 무너진 성벽의 재건이라면, 공동체의 영적, 심리적 치유는 에스라의 영역에 가깝다.

이를 위해서 우리는 비인간화, 악마화했던 상대방에 대한 인식을 변화시키고 그들 역시 우리와 마찬가지로 부족한 인간이며, 그들 안에도 인간으로서의 사랑, 연민, 죄책감과 같은 기본적 속성이 있음을 인정할 수 있어야 한다. 남아프리카 공화국에서 아파르트헤이트로 인한 사회적 불의와 갈등을 해결하는 데 주도적인 역할을 했던 데스몬드 투투Desmond Tutu는 그의 저서 『용서 없이 미래 없다』[93]를 통해 이러한 용서와 화해의 정신을 잘 표현하였다. 그는 기독교 정신과 함께 '모든 인간은 서로 연결되어 있다'라는 아프리카의 공동체 정신인 우분투ubuntu를 통하여 미움과 복수, 폭력의 고리를 끊고 남아프리카 공화국이 용서와 화해로 나아가는 데 기여했다. 물론 그가 아파르트헤이트로 인해 희생당한 사람들을 모두 대변할 수 있는가 하는 대표성의 문제와 용서와 화해를 주장하는 주체가 누가 되어야 하는가 하는 문제는 이와 별개로 지속적인 논의가 필요한 부분이며, 이론異論이 존재한다. 또한 진실과화해위원회 이후에도 남아공에 계속 남아있는 경제적, 사회구조적 모순과 차별의 문제는 심리적 차원뿐만 아니라 실제적 영역에서의 변화가 수반되어야 함을 잘 보여준다.[94] 그러나 우리가 이 사례에서 볼 수 있는 것은 미움과 원한, 분노에 사로잡혀 미래를 파괴적이고 역기능적인 갈등과 분열에 저당 잡히지 않고, 치유와 회복을 위한 첫걸음을 뗄 가능성이다.

우리는 관성의 법칙에 지배당한 채 원래 하던 대로 하려는 습성이 있다. 그것이 익숙하고 편안하기 때문이다. 본래의 습성을 거슬러 새로운 것을 시도하려고 할 때는 많은 에너지가 들고, 내면으로부터 그에 반대하는 마음이나 태도, 혹은 외부로부터의 저항을 경험한다. 그러나 변화를 만들어 내기 위해서는 익숙하고 편안한 것에서 벗어나 반대 방향으로 나아가 자신의 한계에 도전해야 한다. 이것은 개인으로서나 공동체로서나 모두 위협적이고 위험을 감수해야 하는 일이다. 그러나 새로운 시도를 감행하고 조금씩 변화되는 과정을 통해 개인과 공동체는 새로운 정체성을 형성하고, 상대 집단과 그에 속한 개인에 대한 고정관념과 판단으로부터 자유로워질 수 있다. 그리고 그렇게 할 때 우리는 비로소 원망과 분노, 좌절과 회한, 실망, 자기 연민과 같은 감정들로부터 해방되고 새로운 미래를 위한 희망, 용서와 화해, 연합으로 나아갈 수 있다.

보다 구체적으로는 공동체가 가진 자원과 강점, 회복탄력성resilience을 활용하여 자기효능감self-efficacy과 집단 효능감collective efficacy을 향상하고 집단 내에서의 연결성과 희망을 촉진함으로써 영적 유대감이 활성화되도록 하는 것이 이러한 과정에 도움이 될 수 있다.[95)] 선행연구에서는 사회적 지지와 인지적 대처가 트라우마 이후 이를 극복하고 성장하는 데 영향을 미치며, 트라우마 후 심리적 고통 수준이 높을수록 문제상황에 대처하는 행동도 외상 후 성장PTG: Post-Traumatic Growth

에 영향을 주는 것으로 나타났다.[96] 사회적 지지가 트라우마 극복에 주요한 영향을 준다는 사실은 우리가 공동체 내의 다른 구성원들에게 깊은 유대감과 관계감을 느낄 수 있도록 하는 자원이 되어주어야 함을 시사한다. 전도서 4장 12절에서는 "한 사람이면 패하겠거니와 두 사람이면 맞설 수 있나니 세 겹 줄은 쉽게 끊어지지 아니하느니라"라고 말씀한다. 우리는 개인으로서도 하나님과 관계를 맺지만, 언약 공동체, 신앙 공동체로서 한 몸을 이루도록 부름 받았다. 우리가 공동체로서 가지는 힘은 한 사람이 무너졌을 때 다시 일으켜 세우고 서로를 위한 안전망을 제공할 수 있다는 것이다. 마태복음 18장 20절에서는 "두세 사람이 내 이름으로 모인 곳에는 나도 그들 중에 있느니라"라고 말씀하고 있다. 예수가 제자들을 세상 가운데 보낼 때도 그는 제자들을 둘씩 짝지어 보냈다. 혼자로서는 넘어질 수 있으며, 충분치 않음을 알고 있었기 때문이다. 교회 공동체뿐 아니라 사회 어느 영역에서든 인간은 섬처럼 고립된 존재로 있을 수 없다. 우리는 모두 서로를 필요로 하는 상호의 존성interdependence 안에 있다. 성부와 성자, 성령이 독립된 세 인격적 존재이자 완전히 유기적이고 상호의존적인 삼위일체로 존재하듯이, 기독교인들도 독립적인 인격체이자 상호의존적인 관계 속에서 서로 지지할 때 온전히 세워질 수 있다. 영적 난민이 된 기독교인들은 파편화된 개인으로 각자 마음과 영혼의 짐을 지고 살아간다. 그런 이들에게 필요한 것은 혼자가 아니라는 것, 동일한 아픔과 무게를 지고 가는 사람들이 있으며, 그 짐을 함께 지고 갈 누군가가 있음을 상기시켜주는 것이다. 우리가 다른 동료 기독교인들에게 이런 안전망을 제공해줄 수 있을 때, 우리 자신 역시 그 안전망의 수혜자가 될 수 있다. 그러나 이때 주의할 것은 서로 상처를 나누며 그것이 더욱 깊어지고 부정적으로 강화되도록 하는 것이 아니라, 아픔을 나누고 앞으로 나아가도록 방향성을 설정해야 한다는 것이다. 사람들이 회복탄력성을 함께 구축할 때 개인은 더욱 강해지고, 장애를 극복하며 역경을 예방할 잠재력이 있는 공동체를 형성하게 된다.[97] 집단 회복탄력성은 희망을 공유하는 것만을 넘어서 공동체의 경험과 서사와 정신력을 공유할 때 강화된다.[98]

또한 문제상황에 대한 적극적인 대처와 관련해서는, 개인으로서 트라우마 사건의 영향을 극복하고 그로 인해 발생한 문제를 해결하려는 노력뿐만 아니라 공동체로서의 적극적인 노력이 심리적 고통을 감소시키고 공동체를 성장시키는데 기여할 수 있다. 과거 사건의 희생자, 피해자로서의 개인/공동체로서의 정체성에서 트라우마로부터 회복하고 성장하는 개인/공동체로서의 정체성을 형성하며, 이를 위해 구체적이고 다양한 노력[99]을 기울이는 것이 중요하다. 트라우마 사건이 일어났을 당시 아무것도 하지 못했다는 자책감과 무력감은 개인과 공동체를 우울하고 소망 없는 상태에 머물게 한다. 그러나 트라우마 사건 당시에 하지 못했던 대처를 시간이 지남에 따라 해나간다면 개인과 공동체의 잃어버렸던 자기효능감과 집단효능감을 되찾는 데 도움이 된다. 행동을 취하면 상황을 개선할 수 있다는 믿음은 심리학적으로는 '근거 있는 희망 grounded hope'이라고 부른다.[100] 집단 회복탄력성은 어려운 환경에 대항하고 이를 바꾸기 위해 행동하도록 함으로써 진정한 사회변화를 촉진한다.

비 온 뒤 굳어지는 땅

우리가 삶에서 경험하는 트라우마 사건은 우리의 마음과 영혼에 많은 상흔을 남긴다. 그러나 트라우마 사건이 반드시 외상 후 스트레스 장애PTSD:Post-Traumatic Stress Disorder와 같은 문제를 가져오는 것만은 아니다. 트라우마 사건을 경험한 사람 중 2/3는 오히려 외상 후 성장PTG: Post-Traumatic Growth, 삶의 의미를 더 크게 인식하고 감사하는 태도, 개인적, 사회적으로 긍정적 변화를 경험하는 것으로 나타났다.[102] 이는 정서적, 대인 관계적, 영적 영역 등 다양한 영역을 포함한다. 트라우마 후 성장한 개인과 공동체는 이전의 자아와는 다르지만, 여전히 건강한 개인과 공동체로서의 정체성을 형성할 수 있다. 어떤 면에서 트라우마 사건 경험 이후 회복된 개인과 공동체는 이전보다 훨씬 강하고 안정적이며, 뿌리가 깊이 내린 나무와도 같다. 트라우마를 경험한 개인과 공동체는 어떠한 어려움도 겪지 않은, 그저 순수하고 순진하기만 한 존재가 아닌 아픔과 상처를 겪었지만 살아남고, 회복하여 새로운 미래로 나아갈 동력이 있는 강한 존재다. 아무런 어려움도 겪지 않은 상태에서 행복하고 감사하고 기뻐하며 충만하게 삶을 온전히 누리는 것은 어렵지 않다. 삶이 우리를 가혹하게 대하지 않을 때 자신과 타인, 세상을 신뢰하는 것은 그저 당연한 일이다. 그러나 삶이 우리에게 주는 많은 시련과 고난을 겪으며 그 가운데에서도 여전히 기뻐하고 감사하는 것, 삶의 의미를 찾는 것은 쉽지 않다. 누구나 그렇게 할 수 있는 것은 아니며, 결코 저절로 되는 일도 아니다. 그것은 의지와 선택, 인내가 수반되는 일이다. 그러나 우리가 그 길을 걷기로 선택할 때, 우리는 트라우마 이전보다도 한층 성장해 있는 우리 자신과 공동체를 보게 될 것이다.

용서와 화해

상처와 아픔, 분열과 분단이 있는 곳에서 용서와 화해는 매우 무겁고 어려운 주제다. 용서와 화해는 치유와 회복의 과정으로서 함께 찾아오기도 하고, 치유와 회복의 결과로 가능할 수도 있다. 그 명확한 경계가 어디인지가 항상 분명한 것은 아니며, 오히려 서로 얽혀있는 경우가 많다. 그러나 용서와 화해가 실제로 일어나기까지 오랜 시간이 필요한 것만은 분명한 사실이다. 적절하지 않은 시점에서 용서와 화해를 논의하는 것은 누군가에게는 또 다른 폭력이나 상처로 작용할 위험도 있으며, 정의를 위한 실제적 변화가 나타나지 않은 상태에서의 용서와 화해는 불의를 덮고 같은 과오가 반복되게 하는 지름길이 될 수도 있다.

　　　용서가 어렵게 느껴지는 까닭은 용서에 대해 우리가 갖는 몇 가지 오해 때문일 것이다. 용서라고 하면 흔히 우리는 지나간 일에 대해 모두 잊어버리고, 없던 일로 하는 것이라 여긴다. 또한 용서하면 과거나 상대방에 대한 부정적인 감정들을 모두 털어내야 하며, 그런 감정들을 전혀 느껴서는 안 된다고 생각하기도 한다. 그러나 용서는 일어난 일을 없었던 것처럼 부인하거나 망각하는 것이 아니다.[103] 용서는 과거에 있었던 일들을 객관적인 사실로 인정한 상태에서 자신에게 미친 영향을 인지하고 그것에 이름 붙이는 과정, 그리고 자신이 그로 인한 피해자, 희생자의 위치에만 머물러 있지 않으며 상대방이 가져갔다고 생각했던 통제권을 다시 찾아오는 과정, 즉, 나에게도 충분히 힘이 있으며 그것에 맞서 싸울 힘이 있다는 것을 깨닫고 힘의 균형을 이루는 일련의 과정을 통해 가능하다.104)

      용서의 과정에 관해서는 다양한 이론이 존재하며, 용서를 위한 단계나 전제 조건에서도 차이를 보인다. 자크 데리다Jacques Derrida는 '용서 불가능한 것을 용서하는 것'으로서 무조건적 용서를 주장한다. 그는 저서 『용서하다』105)를 통해 무조건적 용서를 주장했던 블라디미르 얀켈레비치Vladimir Jankélévitch가 유대인에 대한 독일인들의 범죄를 용서할 수 없는 것으로 보면서 조건적 용서를 주장하는 입장으로 선회한 것을 비판하고, 진정한 용서는 용서할 수 없는 것을 용서하는 것이며 그렇기에 현실적으로 실현 불가능해 보이는 것에 도전하는 것이라고 주장한다.106) 용서할 수 있는 일을 용서한다면 그것은 데리다에게 있어 진정한 의미의 용서가 아니다. 데리다의 용서 개념은 어떤 조건이나 단서도 붙이지 않는, 불가능에 가까운 용서이며, 이는 우리로 하여금 용서에 관한 생각의 지평을 넓히게끔 도전한다. 이런 용서가 가능하다면 그것은 우리의 한계를 확장하고, 내면의 진정한 변화와 자유를 느낄 수 있도록 하는 경험이 될지도 모른다.

용서가 상대방과의 관계없이 개인 내면에서 일어날 수 있는 과정인 것에 반해 화해는 상대방과의 관계 회복을 의미하며, 쌍방향적이다. 용서와 화해의 관계에 대해서는 용서를 과정적인 것으로 보고 화해를 용서의 부산물이라고 보는 시각도 있다. 그러나 용서와 화해는 동일한 의미가 아니며, 용서했다고 반드시 화해가 따라오거나 용서와 화해가 항상 함께 일어나는 것은 아니다. 예를 들어 가까운 관계에서 일어나는 성적 학대나 가정폭력의 경우 피해자의 안전을 위해 피해자가 가해자를 용서한 후에도 가해자와 관계를 회복하는 것은 피하도록 한다. 또 다른 시각에서는 용서를 화해의 전제 조건으로 보기도 한다.

용서와 화해와 관련하여 데리다가 주장한 것처럼 무조건적 용서를 지향해야 하는지, 그것이 실현 가능한 것인지와는 별개로 우리는 그것이 가져올 수 있는 문제에 대해서도 인식할 수 있는 현실적 시각을 유지해야 한다. 특히 개인적 차원의 용서와 화해가 아닌 집단적 차원에서의 용서와 화해에 있어서는 이런 문제가 더 두드러지게 나타날 수 있다. 공적이거나 집단적인 영역에서 불의를 바로잡는 과정이 선행되지 않은 상태에서 용서가 진행되면 불의를 용인하고 그것이 지속되도록 하는 결과를 가져올 수 있다. 또한 그 주체와 관련해서 집단적 용서와 화해에는 다양한 이해관계자가 있으며 주체도 다양할 수 있고, 특정 집단이나 개인이 피해자 전체를 대변하기 어려운 경우가 많다. 이럴 때 일부 개인이나 집단이 대표성이나 절차적 공정성을 확보하지 못한 상태에서 피해 집단 전체를 대표하여 용서를 논하거나 용서의 주체가 되면 더 큰 문제를 야기할 수 있다. 다른 피해자들이 동의하지 않은 상태에서 무조건적 용서나 화해를 주장한다면 이것은 다른 피해자들에 대한 압박이나 억압이 될 수도 있고, 다른 피해자들이 느끼는 '불의함'의 정서는 더욱 배가될 수 있다. 따라서 이행기 정의 실현을 위한 구체적 실천들이 선행된 후에, 혹은 그와 동시에 용서나 화해가 진행되어야 한다. 집단적 차원의 용서에는 그것을 이루기 위한 외적 표현활동이 있을 수밖에 없으며, 이는 정치적 차원을 포함하는 것이므로 시간적 경과, 피해자에 대한 보상 여부 등 용서를 위한 적절한 환경과 여건이 마련되어 있는지를 고려해야 하며, 개인적 차원의 용서가 무조건적으로 이루어질 수 있는 것과 달리 정치적 용서는 필연적으로 조건적일 수밖에 없음을 받아들여야 한다.[107] 그렇지 않으면 용서와 화해를 가장한 또 다른 폭력이 될 수 있음을 명심해야 한다.

상황에 따라 처벌을 위한 시도가 갈등을 더욱 심화시키는 결과를 낳을 수도 있고, 용서만이 가능한 선택지가 될 수도 있다. 그러나 집단적 용서와 화해에 있어서는 피해자들의 내적 변화뿐만 아니라 공평성, 제도적 정의가 구축될 수 있도록 해야 하며, 용서가 힘의 논리에 의해 지배당하지 않고 진정한 용서의 정신이 그 중심에 자리 잡을 수 있도록 해야 한다.[108]

여전히 가야 할 길

지금까지 개인과 공동체 차원에서의 치유와 회복을 위한 방안을 함께 살펴보았다. 이 모든 것이 한순간에 이루어지는 것은 결코 아니며, 이것들이 온전히 실현할 수 있다고 보는 것 역시 지나치게 이상주의적 관점일 수도 있다. 우리가 이 땅에서 살아가는 한 어느 개인이든 공동체든 완벽할 수 없으며, 부족함을 안고 살아가기 때문이다. 완벽할 수 없다는 것을 인정하고 받아들이며 그것과 함께 살아가는 법을 배우는 것은 어쩌면 우리의 숙명인지도 모른다.

그러나 이 같은 현실적 제약 속에서도 우리는 이상향에 도달하기 위해 할 수 있는 최선을 다해야한다. 그리고 그동안 교회 안에서 나타난 여러 가지 문제점과 관련하여 개인으로서, 공동체의 일원으로서 우리 자신을 돌아보고, 성찰적 반성과 미래지향적 변화를 추구해야 한다. 교회 세습이나 교회 안에서 특정 목회자나 리더십이 지배적인 위치를 점하는 문제, 민주주의적 절차적 공정성의 부재와 같은 문제의 이면에는 교회의 몸 된 지체로서 우리가 제 역할을 하지 못했던 과오가 있다. 아무리 특정 집단이 중심이 되어 교회를 건강하지 못한 방향으로 사적 이익을 위해 이용하고자 해도, 적극적으로든 암묵적으로든 묵인, 동조, 혹은 방관하는 교인들이 없다면 그것은 결코 불가능하기 때문이다. 물론 그렇게 되기까지는 교회 내에서 바른 소리를 하는 교인들을 배척하고 그들이 교회를 떠나게 만든 세력들이 존재했을 것이며, 교회가 건강성과 다양성을 잃는 일련의 과정이 있었을 것이다. 그러나 여전히 안타깝게도 많은 한국교회의 교인들, 기독교인들은 무엇이 문제의 핵심인지 보지 못하고 있다. 우리가 스스로 내부적 문제에 눈을 뜨지 못한다면, 교회 안에서 변화를 기대하기란 어렵다. 우리 한 사람 한 사람이 그리스도의 몸 된 지체로서 먼저 변화될 때 한국교회는 비로소 변화와 개혁과 정화를 이뤄낼 수 있다.

이를 위해 첫 번째로는 교인들이 성장해야 한다. 주체적인 신앙인으로서의 자아를 찾고, 리더나 타인을 통해 우회적으로 하나님을 만나는 것이 아니라 인격적이고 직접적인 방식으로 하나님과의 만남을 가질 수 있어야 한다. 3장에서 언급한 것과 같이 아직도 많은 교회에서는 목회자가 대제사장과 같은 역할을 감당하는 것으로 오인하고 있다. 교인들은 목회자들을 통하지 않으면 하나님께 연결되지 못하는 것으로 생각하며, 목회자들이 심어준 하나님의 이미지에 하나님을 고정시키고 있다. 그들을 통해 보는 하나님의 이미지 역시 그분의 수많은 성품과 속성 중 일부를 반영하는 것일 수 있다. 그러나 하나님은 우리의 생각과 시각을 뛰어넘는 분이기에 개인마다 하나님과의 친밀한 인격적 관계에서 경험하는 모습은 또 다를 수 있다. 하지만 많은 교인은 하나님이 어떤 분인지 알기 위한 주체적인 노력 대신, 목회자들이 목자처럼 자신들을 이끌어주기를 기대한다. 그러나 우리는 이러한 어린아이 같은 믿음에서 장성한 성인의 믿음으로 성장해야 하며, 스스로 사고하고 느끼며 결정할 수 있는 인격적 신앙의 주체로서 세워져야 한다.

두 번째로는, 교회 안에서 다양한 의견이 존중되고 견제와 균형을 통한 건강한 공동체성을 유지할 수 있도록 해야 한다. 교회뿐 아니라 어떤 조직이나 집단이든 공동체의 건강성을 잃게 되는 가장 큰 요인은 다양한 목소리와 의견이 논의되는 장을 제거해 버리는 것이다. 주류의 의견이 아니거나 리더의 의견에 반하는 목소리들이 힘을 잃고 주변화될 때 공동체는 균형을 잃고 사유화, 개인화의 길로 들어선다. 이를 막기 위해서는 리더십이 이에 대한 경각심을 가져야 하며 교회 내 주요 기관에 균형과 견제가 보장될 수 있는 시스템을 갖추는 것이 중요하다. 그러나 더 중요한 것은 교회의 다수를 차지하는 교인들, 구성원들이 소수의 목소리에 귀 기울이고 그것이 공론화될 수 있도록 함께 노력하는 것이다. 교회 안에서 민주적인 절차와 공평성, 다양성이 보장되기 위해서는 이에 대한 교인들의 인식과 그러한 가치를 지키기 위한 실제적인 노력이 이루어져야 한다. 교인들이 특정 리더십이나 인물, 교회 내 기관이 자신들을 이끌어주기를 바라며 그들의 의견에 동조하기만 한다면 교회는 진정한 의미에서의 신앙 공동체라고 할 수 없다. 그것은 소수의 지도자와 다수의 팔로워가 함께하는, 그들만의 왕국에 지나지 않을 것이다.

세 번째로는, 나 중심의 신앙에서 벗어나 사회 및 세계와의 연결성을 가진 신앙인으로서의 모습을 회복하는 것이다. 우리는 지나치게 개인주의적이고 기복적인 신앙의 모습으로부터 탈바꿈해야 한다. 예수는 "네 이웃을 네 몸과 같이 사랑하라"라고 말씀했다.[109] 그러나 우리는 이웃과 공동체, 사회와의 연대감, 연결성을 상실한 채 살아갈 때가 많다. 나 자신의 신앙과 우리 가족, 우리 교회가 잘되고 안정적인 상태를 유지하는 것에는 매우 관심을 기울이면서도 그것이 다른 교인들, 교회들, 혹은 우리 주변의 비기독교인들, 나아가 사회와 국가, 세계와 어떻게 연결되어 있는지에는 관심을 두지 않는다. 나의 사적 영역을 지키기 위해서라면 그것이 다른 사람들에게 피해를 주거나 사회 전체에 좋지 않은 영향을 미치는 것이라고 해도 대수롭지 않게 여긴다. 또, 타인과 사회, 국가, 세계에서 일어나는 일에 대해서도 '남의 일'로 치부하고 신경 쓰지 않을 때가 많다. 스스로 눈을 감고, 귀를 막고, 생각하지 않기로 선택하는 것이다. 이 대목에서 우리는 자문해보아야 한다. 예수는 우리에게 "네 이웃을 네 몸과 같이 사랑하라"라고 말씀했는데 우리는 왜 이 기본적이고 가장 근본이 되는 질문에 적절하게 반응하지 못하고 있는 것인가? 그것은 아마도 우리가 자기 자신을 사랑하는 법을 제대로 알지 못하거나 이웃의 범주에 대한 잘못된 시각을 가지고 있기 때문일 것이다. 나를 사랑하고 내가 속한 공동체를 사랑한다는 것은 개인으로서의 나 혹은 집단으로서의 공동체 안에 잘못된 것이 있을 때 그것을 그냥 눈감고 넘어가는 것을 의미하지 않는다. 잘못된 것이 있으면 잘못되었다고 이야기하고, 고치고, 바로잡을 수 있도록 하는 것이 진정한 사랑이다. 그러나 오늘날 우리는 이러한 자기 사랑에 대한 이해가 부족한 까닭에 개인과 교회공동체 안에서 나타나는 다양한 문제들을 제대로 다루지 못하고 못 본 체하거나 아무 일도 없는 양 넘어가는 경우가 부지기수다. 또 다른 측면으로는, 우리가 '이웃'의 범주를 우리의 생각과 판단에 따라 제한하거나 잘못 규정 짓는 것이다. 많은 경우 우리는 '이웃'의 범주를 이해관계에 따라 구분 짓는다. 나에게 반대되는 생각이나 입장을 가지는 개인이나 집단은 쉽게 적, 원수로 치부되며, '우리'를 박해하고 시험에 들게 하는 존재로 오인된다. 이러한 편 가르기와 악마화는 같은 신앙을 가진 사람들 안에서도 빈번하게 자행된다. 또한 같은 신앙을 공유하지 않는 집단이나 사회의 다양한 이슈에 대해서도 그것이 공공선을 위한 것일지라도 '우리'로 규정짓는 내집단의 이해관계나 목표와 상충될 때는 그들에게도 여지없이 적용된다. 그러나 우리는 이러한 편협하고 자기중심적인 시각에서 벗어나 신앙인이자 사회인, 민주시민, 세계시민과 같은 더 보편적이고 공동체적인 정체성과 자신을 연결할 수 있어야 한다. 이는 기독교적인 사상이나 가치관에 배치되는 것이라도 무조건 받아들이고 수용해야 한다는 의미가 아니라, 신앙과 이성, 세상과 교회공동체 사이에서 균형을 유지해야 함을 의미한다.

　　　　　네 번째로는, 성도 중심의 교회가 되도록 해야 한다. 목회자에 대한 지나친 구별이나 우상화, 신격화를 지양하고 목회자와 성도[110]를 기능상의 차이로 볼 필요가 있다. 성도와 목회자의 구분 없이 모두가 제사장적 역할을 할 수 있음을 기억하고, 우리 각자가 교회의 몸 된 지체이자 교회임을 명심해야 한다. 그런 의미에서 어쩌면 목회자와 성도들을 구분 짓고 성도들의 역할을 제한하는 것 같은 느낌이 있는 '평신도'라는 말 자체에 변화가 필요한지도 모르겠다. 그동안 성도들의 역할을 지나치게 제한하고 사역에 있어서 성도들이 할 수 없다고 생각되어왔던 영역이 많았다. 예를 들어, 교회에서의 설교나 예배 진행의 역할은 목회자들이 하는 것이 일반적이지만, 선교사역 등에 있어서는 성도들이 더 많은 역할을 할 수도 있다. 한국교회에서는 단기 혹은 장기 선교에서도 말씀을 전하는 역할은 목회자들에게 국한되어 있고 성도들은 그러한 영역에서는 활동할 수 없다고 여기는 경우가 많다. 그러나 국내외 선교단체들에서는 성도들이 직업 영역을 통한 선교뿐만 아니라 설교나 간증 등을 통해 복음 전도의 역할을 함께 감당한다. 물론 신학적 지식이나 훈련 경험이 많은 목회자들이 설교나 예배 진행을 담당하는 것이 건강한 신앙관과 성경해석을 위해 도움이 될 수 있다. 그러나 반대로 그것이 성도들이 설교하거나 말씀을 전할 수 없음을 의미하는 것은 결코 아니다. 신학교를 졸업한 목회자들만큼 많은 배경지식을 갖고 신학적 해석을 하기는 어려울지 몰라도, 성도들 역시 충분히 말씀을 전하거나 사역적 측면에서 많은 역할을 감당할 수 있다. 이것이 교회 안에서 목회자의 역할을 축소해야 한다거나 목회자가 아무런 역할을 하지 않도록 해야 함을 뜻하는 것은 아니다. 그러나 그동안 목회자들만의 금단의 영역으로 여겨졌던 영역에 대해서 더 문을 열고, 성도들이 감당할 수 있는 역할을 확대해 나가며, 성도들이 교회에서 주체적이고 중심적인 역할을 감당할 수 있도록 해야 한다. 성도들이 이렇게 성장해 나갈 때 목회자들은 이를 자신들의 권위나 역할에 대한 도전으로 여길 것이 아니라, 그들의 성장을 권면하고 격려해야 할 것이다.

코로나19와 교회 개념의 변화

오랜 기간에 걸쳐 누적된 교회의 문제와 함께 전대미문의 코로나19라는 전염병으로 한국교회는 또 다른 도전을 맞고 있다. 코로나19 유행과 함께 방역에 취약한 집단으로서의 종교시설에 대한 부정적 이미지가 형성되고 방역 당국의 요청에 협조하지 않은 일부 교회들로 인해 기독교와 교회 전반에 대한 대중들의 인식이 악화되었다.

이와 함께 오프라인 예배와 모임이 불가능해지면서 교회를 찾는 교인들도 적어지고 재정적인 어려움을 호소하는 교회들도 늘고 있다. 처음에는 교회에 가지 못함으로 인해 신앙생활의 어려움과 영적 고립감을 호소하던 교인들은 길어지는 비대면 예배에 익숙해지면서 점차 불편함보다는 어디에서나 예배를 드릴 수 있다는 편리함을 더 크게 느끼고 있는 것 같기도 하다. 또, 코로나19를 기점으로 사회문제에 대처하는 교회의 방식에 실망과 회의를 느끼며 신앙과 교회의 본질이 무엇인지 고민하는 성도들도 적지 않다.[111]

코로나19는 분명 많은 교인과 교회에 새로운 변화를 요구하는 도전이자 위기이기도 하지만, 동시에 신앙의 본질과 교회의 개념을 재정립할 수 있는 기회이기도 하다. 모이는 교회, 건물로서의 교회 개념은 희미해지고 있지만 각 개인이 스스로 신앙을 지키고 교회로서 기능하도록 하는 자극제가 되는 측면이 있기 때문이다. 물론 온라인 예배의 전환과 디지털화가 자본과 기술력이 있는 대형교회에 대한 성도들의 쏠림 현상을 가속하고 교회 간의 빈익빈 부익부, 양극화 현상을 심화시키는 부작용도 있다.

그러나 코로나19를 통하여 각 개인 성도들은 그동안 익숙하게 해왔던 소위 '교회 생활'을 하지 못하게 되면서 스스로 신앙을 어떻게 지켜나갈 것인지 더 깊이 고민하게 되었다. 교회의 수많은 성도 중 한 명, 수동적인 존재로서의 종교인이 아닌 주체적인 신앙인으로서 자립하고 영적인 건강을 유지하는 방법에 대해 그 어느 때보다 진지하게 성찰하게 된 것이다. 단순히 교회에서 시키는 대로 또는 목회자의 리더십에만 의존해서 지속하는 신앙생활의 근간이 본질적으로 전복되고 제로 그라운드에서 시작하는 마음으로 신앙을 지키기 위한 치열한 사투에 돌입하고 있다.

그리고 실제로 생각보다 많은 이들이 온라인 예배 자체가 자신의 신앙에 크게 영향을 미치지는 않았다고 보고하고 있다.112) 이 같은 사실이 의미하는 바는 성도들이 신앙을 유지하는 본질은 교회의 다양한 행사나 모임, 율법주의적인 의식이나 문화 등이 아니라는 것이다.

이들이 교회에 바라는 것은 말씀과 기도, 찬양 등 본질에 충실한 것, 또한 '교회'와 '우리'라는 범주를 넘어 사회문제에 공감하고 시대적 책임을 다하는 의식 있는 신앙 공동체로서 교회의 모습이다.

코로나19는 전통적인 교회 개념에 많은 변화를 가져옴과 동시에 기존에 교회와 교인들 내부에 뿌리 깊이 자리하고 있던 문제점, 특히 배타적이며 사회와 연대 의식이 부족한 채로 개인화, 집단화된 우리의 민낯을 돌아보게 하는 계기가 되었다. 향후 이것이 위기가 될 것인지 기회로 작용할 것인지는 한국교회와 교인들의 대처에 달려있다.

8.

교회의 회복과 하나됨을 향한 부르심

　　지금까지 한국교회 안의 분단과 분열 트라우마를 살펴보고 치유와 회복을 위한 방안을 논의하였다. 본서에서 다룬 것 외에도 한국교회 안에는 많은 문제점이 존재하지만, 양상은 다를지언정 그 뿌리에는 모두 하나님이 아닌 사람이 교회의 중심, 주인이 되고자 한다는 문제가 공통적으로 자리 잡고 있다. 교회 안에서 나타나는 이기심과 권력욕, 명예욕, 물질을 사랑하는 마음, 교회 구성원들을 목적이 아닌 수단으로 여기는 불의함, 외집단에 대한 배척과 배타적 태도 등이 교회를 분열되게 하고 미움과 증오, 배신감과 같은 드라마의 장이 되도록 한다.

　　교회 안의 문제와 분열, 분단 트라우마를 먼저 극복하지 않으면 교회는 세상의 빛과 소금 역할을 감당할 수가 없다. 한국교회에는 정치적 견해에 치중해 분열과 분란을 더욱 조장하고 그것으로부터 자신들의 정체성, 생존전략을 찾으려는 많은 교회와 목회자 혹은 기독교인이 있다. 한국 사회에서 정치적, 사회적 갈등, 소위 '남남갈등[113]' 중 가장 대표적이며 큰 비중을 차지하는 것은 무엇보다도 진보와 보수 사이의 싸움이다. 어떻게 보면 20세기 말 공산주의 진영의 몰락과 함께 대부분 국가에서는 큰 의미를 갖지 못하는 이전 세기의 잔재와도 같은 이념대립에 아직도 우리가 천착하는 까닭은 여전히 지속되고 있는 분단이라는 특수상황에서 기인한 것이 크다.[114] 하지만 그에 못지 않게 분단과 분열이라는 오래되고 낡은 프레임을 통해 자신들의 존재 가치를 입증하려는 수많은 정치인과 종교인들의 사고의 한계로 인한 부산물일지도 모른다. 이념이나 진영보다 중요한 것은 문제를 해결하는 것이고, 더 나은 공동체와 사회를 만드는 것이다. 그러나 우리는 주객이 전도되어 어떤 방법론이 어떤 결과를 가져올 것인지, 그 과정과 결과에 초점을 맞추기보다 그 방법론이 어느 편에 속한 것인지에 더 관심을 둔다. 그리고 그것이 내 편이 아닌 다른 편의 것으로 판명 나면 어김없이 비난의 화살을 맞는다.

'분단'과 '분열', '진영논리'라는 것이 우리 사회 전반에, 그리고 신앙 공동체인 교회 안에서도 얼마나 많은 영향을 미치고 있는지 너무 익숙하고 자연스러워서 미처 인식하기 쉽지 않다. 그래서 오늘날 우리는 기독교인들 안에서도 진보와 보수로 극명하게 나뉘며, 공유된 신앙으로도 그러한 벽을 뛰어넘지 못하는 현실을 살고 있다.

그러나 교회 안, 기독교인들 안의 문제도 해결하지 못하고 우리 안의 분열과 분단 트라우마도 뛰어넘지 못한 상태에서 어떻게 사회와 국가, 세계를 위한 더 큰 역할을 감당할 수 있을지 우리는 심각하게 자문해보아야 한다. 또한 반대로 우리 안에서 먼저 치유와 회복이 일어나야 하는 이유도 바로 여기에 있다.

　　　"Hurt people hurt people."이라는 말이 있다. 상처 입은 사람은 계속해서 누군가를 상처 준다는 뜻이다. 분단과 분열로 인해 상처받은 영혼들이 오늘날 한국교회 안에 너무도 많다. 그리고 이들은 때로 그 상처를 제대로 치료하지 못한 채 의도했든 그렇지 않든 또 다른 누군가에게 상처를 준다. 피해자가 가해자가 되는 악순환이 반복되면서 상처와 균열은 점차 커진다.

　　　이제는 그러한 악순환의 고리를 끊을 때가 되었다. 분단이 일어난 지 70년 이상 지났고, 우리는 분단으로 인한 트라우마를 극복하지 못한 채 증오하고 복수심에 불탔던 지난날과 그러한 감정을 세대를 이어 전이해왔던 죄를 회개해야 한다. 그리고 우리 안의 해결되지 못한 상처와 아픔을 돌아보고,

그로부터 자유로워지고 치유되어야 한다. 이는 우리의 영혼을 위한 것일 뿐 아니라 건강한 교회와 사회, 국가, 세계를 세워가고 발전적인 미래로 나아가기 위해서도 필수적인 과제다.

또한 한국교회 안에서 일어나고 있는 많은 문제, 분열의 원인을 정확하게 진단하고 해결하기 위한 노력이 이루어져야 한다. 교회 안의 문제를 은폐하거나 축소하던 관행을 벗어버리고 어둠을 드러내어 빛 가운데로 나오도록 해야 한다. 문제는 감추고 못 본 체한다고 사라지는 것이 아니다. 덮어두고 외면할수록 더욱 곪고 커져서 언젠가 감당할 수 없는 더 큰 문제로 돌아올 뿐이다.

우리는 개인 신앙인으로서, 신앙 공동체인 교회로서 우리의 죄를 회개하고 치유와 회복, 개혁과 정화, 용서와 화해의 길로 나아가야 한다. 우리 자신과 교회가 먼저 깨끗하고 건강해지는 과정이 선행되지 않고서는 신앙인으로서, 교회공동체로서 그 어떤 영향력을 미칠 수도, 그리스도를 나타내는 자들로서의 삶을 살 수도 없다. 우리가 먼저 변화되고 온전해지는 과정을 거친 후에야 사회와 국가, 세계와 같은 더 큰 공동체의 치유와 회복, 용서와 화해에 기여하는 피스메이커peace maker로서의 사명을 감당할 수 있을 것이다.

오늘날 국내외에는 통일을 위해 기도하고 사역하는 많은 기독교인과 교회들이 있다. 전체 기독교인이나 교회 수에 비하면 많은 수는 아닐지라도, 언제가 될지 알지 못하지만 '그날'이 오기를 기대하며 준비하는 많은 사람과 교회들이 있다. 그러나 이들이 열심히 준비하며 기도하는 것만큼 한국교회와 기독교인들이 준비되어 있는지는 미지수다. 교회 안의, 기독교인들 사이의 분열과 분단 트라우마도 아직 극복하지 못한 상태에서 통일을 논하는 것은 어쩌면 걷지도 못하는 아이에게 뛰라고 하는 것이나 다름없을지 모른다. 그러나 우리는 분단과 분열의 트라우마를 극복하고 언젠가 다가올 통일을 위해 준비되어야 하며, 그러기 위해서는 우리 안의 미움과 상처, 분노와 원한, 배신감, 복수심과 같은 감정들을 사랑, 용서, 이해, 감사, 자비, 긍휼과 같은 것들로 대체해야 한다.

아직은 우리의 마음과 경제적, 영적, 사회문화적 여러 가지 면에서 통일을 위한 준비가 너무 부족하다. 남한에서는 교만함과 맘모니즘이, 북한에서는 김일성 일가가 3대 세습을 통하여 절대적 권력을 차지하며 우상이 되었다. 남한과 북한 모두 각자의 죄를 회개하고 하나님의 나라로 만들기 위한 변화를 준비해야 한다.

북한의 교인들과 지하교회들은 많은 핍박과 박해 가운데 있으며, 신앙을 지키기 위해 매일 생명의 위협을 감수하고 있다. 이들은 수적으로는 남한의 기독교인들에 비해 훨씬 적고 박해 아래에 있기에 이들이 어떻게 신앙을 이어가고 있으며, 어떻게 활동하고 있는지 우리로서는 알 수 없다. 그러나 핍박이 심한 만큼 반대로 더욱 간절하게 기도하고 있을지도 모를 일이다. 이에 반해 한국에는 너무나 많은 교회와 기독교인들이 있지만, 물질적 풍요로움과 영적 과식이 독이 되어 한국교회는 내부로부터 부식되어가고 있다.

그러나 많은 교회와 기독교인들이 있는 한국에서 우리가 자정과 변화를 위한 노력을 시작한다면 여전히 희망은 있다. 한국교회와 기독교인들이 우리가 살아가는 현실의 엄중함을 깨닫고 위기감을 느끼며 우리 안의 분열과 분단을 극복하기 위한 단계들을 밟아나가야 한다. 그렇게 할 때 한국교회와 교인들이 회복되고, 나아가 뉴코리아가 회복되며 교회와 교인들은 그 과정에서 더 많은 역할을 감당할 수 있을 것이다.

에필로그

본서를 집필하며 끊임없이 스스로에게 질문하는 시간을 가졌다. 필자가 꼭 써야 하는 글인지, 쓸 수 있는 글인지를 놓고 말이다. 교회 공동체가 무너지는 아픔을 경험한 것이 필자 혼자만도 아니고, 목회자나 신학자가 아닌 필자가 굳이 이 주제를 가지고 글을 써야 하는지 의구심이 일었다. 적당히 잊고 흘려보내면 그만일 과거 일에 지나치게 집착하며 헤어 나오지 못하고 있는 것은 아닌가 싶기도 했다. 그리고 무엇보다도, 필자는 과연 이런 글을 써도 좋을 만큼 신앙인으로서 부끄러움 없이 살고 있는가 하는 마음의 찔림이 많았다.

그럼에도 불구하고 본서를 끝까지 집필할 수 있었던 것은 부족한 글이나마 비슷한 아픔을 경험한 이들에게 조금이라도 위로가 되지 않을까 하는 바람이 있었기 때문이다. 또, 본서에서 지적하는 한국교회의 문제가 어제오늘 사이의 일이 아니라 이미 익숙한 것들이지만, 그렇기에 더 이야기해야 한다는 생각이 들었다. 그리하여 우리 안에 있는 아픔과 상처, 문제들을 직면하고 무너진 그 자리로부터 다시 일어나고, 성벽을 재건하며 치유와 회복의 노래를 부르는 날이 올 수 있기를 소망했다.

본서가 상처 입고 파편화된 이들이 함께 모여 이야기 나누고 공감하며 공감받을 수 있는 만남의 장을 마련할 수 있다면, 또한 무너지고 황폐화된 공동체를 다시 회복하는 데 자그마한 기초라도 될 수 있다면 더 바랄 것이 없을 것이다. 그러나 그에 앞서 우리 안의 문제를 직면하고 치유와 회복을 위한 여정을 시작하는 데 본서가 미약한 보탬이라도 될 수 있다면 그것만으로도 본서를 집필한 가치가 충분히 있으리라고 생각한다.

분단과 분열의 트라우마로 사랑과 이해, 관용과 자비, 용서와 화해로부터 멀어진 한국교회가 다시 풍성한 성령의 열매를 맺을 수 있는 날이 오기를 기대한다.

미주

1) 제너럴 셔먼호 사건은 이후 1871년 신미양요의 원인이 되었으며, 제국주의적 통상을 강요한 제너럴 셔먼호에 토마스 선교사가 통역관으로 승선해 있었다는 점에서 그를 제국주의적이고 침략주의적인 선교관을 대변하는 인물로 볼 것인지 조선 최초의 순교자로 볼 것인지 논란이 있다. 전자의 관점을 가진 학자로는 박용규, 오문환 등이 있으며, 후자의 관점을 가진 학자로서는 이만열, 한규무, 옥성득 등이 있다. 국내 신학계에서는 그가 조선에 오기 전 조선어를 배웠고 성경 보급에 힘썼다는 점, 조선에 파송되었던 해외 선교사들과 초기 교회들이 그를 순교사로 인식하였다는 점, 그로 인해 평양에 많은 교회가 세워졌다는 점, 그 외에 각종 사료로 미루어 볼 때 순교자로 보는 것이 타당하다고 보는 시각이 주류적이다. 관련하여 자세한 내용은 박용규, "로버트 토마스(Robert J. Thomas) 선교사, 역사적 평가," 『신학지남』, 제83권 3호 (2016), pp. 41~139.를 참고하라.

2) 19세기 말~20세기 초 한국교회의 발전과정과 다양한 교파들의 생성 배경에 대한 보다 자세한 내용은 윤정란, 『한국전쟁과 기독교』 (파주: 한울아카데미, 2015), 제1부 제1장. '한반도 서북 지역과 월남 기독교인', 제2장. '한국전쟁 구호물자와 선교자금 그리고 세력화', pp. 29~~114.를 참고하라.

3) 이에 관한 보다 자세한 내용은 이만열, "분단 70년, 한국 기독교의 성찰과 반성," 『한국기독교와 역사』, 제44호 (2016), pp. 6~9.를 참고하라.

4) 정승우, "예수는 어떻게 한국에서 민족과 반공의 아이콘이 되었는가?," 『신약논단』, 제20권 3호 (2013), pp. 592~598.

5) 고영은, "한국교회 반공 이데올로기 형성 연구," 『신학과 실천』, 제 52호 (2016), pp. 867~893; 윤정란, 『한국전쟁과 기독교』, p. 19.

6) 윤정란, 『한국전쟁과 기독교』, pp. 102~103.

7) 장만식, "문명의 파괴로 인한 역사적 트라우마의 치유와 문학작품–1950년대 한국전쟁을 중심으로–," 『문명연지』, 제14권 20호 (2013), pp. 117~146; 전명희, "근현대사에서 한국인이 경험한 트라우마의 집단적, 역사적, 세대전이적 특성에 관한 연구," 『한국기독교상담학회지』, 제27권 4호 (2016), p. 234.에서 재인용.

8) 정승우(2013)는 한국교회 안의 극단적인 반공주의에 대해 신사참배로 인한 상실감, 수치심을 공산주의에 전이시키고자 하는 심리적 기제의 작동으로서 해석했다.

9) Judith Herman 저, 최현정 역, 『트라우마: 가정폭력부터 정치적 테러까지』(서울: 플래닛, 2007), p. 97.

10) 보호 요인은 위험요인(risk factors)의 반대 개념으로서, 개인의 심리적 성장을 돕고 다양한 심리적 증상들의 발현 혹은 정신장애의 발병을 막거나 그러한 증상, 장애로부터의 회복에 도움이 되는 생물학적, 심리적, 가족적, 공동체적, 사회경제적 요인들을 의미한다. 반대로 위험요인은 개인의 심리적 안정과 성장에 방해가 되며 심리적 증상의 발현 혹은 정신장애의 발병에 부정적 영향을 미치며, 회복을 막고 좋지 않은 치료 예후와 관련된 요인들을 의미한다. 예를 들면 신체적, 정신적 질병과 관련된 가족력, 음주나 약물복용, 사회적 지지나 유의미한 대인관계의 부족, 안정적인 양육환경이나 가족관계의 부재 등이다. 심리적 보호 요인은 보호 요인의 다양한 측면 중 특히 심리적 영역에 해당하는 요인들을 일컫는다.

11) 최윤경, "집단 트라우마와 마음의 치유," 한국사회학회 사회학대회 논문집 (2014), p. 77.

12) 정승우, "예수는 어떻게 한국에서 민족과 반공의 아이콘이 되었는가?," p.574.를 참고하라.

13) 진보적 성향의 교회들을 중심으로 1970년대 인권·민주화운동, 1980년대와 90년대 통일운동이 진행되고 90년대에는 북한 돕기 운동을 진행하며 보수와 진보 성향의 교회들이 협력하는 양상을 보이기도 했다. 이만열, "분단 70년, 한국 기독교의 성찰과 반성,", pp. 11~15. 그러나 본서에서는 한국전쟁 이후 지속된 '분단 트라우마'와 그로 인한 영향이라는 점에 초점을 맞추어 논의를 진행하고자 한다.

14) 이에 관한 내용은 양문수, "북한의 경제발전전략 70년의 회고와 향후 전망," 『통일정책연구』, 제24권 2호 (2015), pp. 33~66.을 참고하라.

15) 이에 관한 내용은 김근식, "북한의 핵협상: 주장, 행동, 패턴," 『한국과 국제정치』, 제27권 1호 (2011), pp. 143~181; Siegfried Hecker, "Three Kims and six US presidents later, diplomacy can still solve the North Korea crisis" New perspectives Quaterly, vol. 34, no. 4 (October 2017), pp. 16~23.을 참고하라.

16) 오스트리아 출신으로 미국 보스톤 대학교의 교수를 하였던 피터 버거(Peter L. Berger)에 의하면, 한국교회가 갖고 있는 강한 반공주의를 하나의 획득된 지식으로 볼 때, 또 다른 지식으로 대체할 수 있는데, 곧 그 자리를 진정한 복음, 바른 기독교 신앙으로 대체할 수 있다는 것이다. 그 하나의 획득된 지식은 얼마든지 상대화할 수 있다는 말이다. 지식 사회학은 한국교회가 갖는 강한 배타적 반공주의는 경험에 의해 얻어진 개인의 행동이면서도 동시에 사회적 맥락 속에서 얻어진 하나의 사회적 현상이라는 것이다. 더 나아가 한국교회의 강한 반공주의는 개인의 사회의식과 행동에 지속적으로 영향력을 행사한다. 여기에 종교 지도자들의 역할이 중요한 요소로 작용한다. 곧 반공을 자연스럽게 하나님의 뜻으로 받아들여 합법화와 객관화의 과정에 이르고, 결국에는 내면화에까지 이른다. 내면화는 세상은 당연히 그래야 하는 것으로 받아들인다. 결국 한국교회는 배타적 반공주의를 기독교 신앙의 본질이라고까지 굳게 믿게 되었다는 말이다. 주도홍, "한국교회, 평화의 사도로 나서야: 한국교회와 북한 정권과의 화해 모색," 『기독교와 통일』, 제9권 2호 (2018), pp. 51~52.

17) Bondi, 1991, p.82; Elshtain 1995, pp. 50~51.

18) Charry, 1991.

19) 각주 17, 18; Miroslav Volf 저, 박세혁 역, 『배제와 포용』(서울: IVP, 2012), p. 162. 에서 재인용.

20) "한국교회의 평화운동, 한계의 극복과 새로운 접근의 모색," 『에큐메니안』 2012년 3월 5일; 〈 http://www.ecumenian.com/news/articleView. html?idxno=8755〉. 위의 칼럼에서는 한국교회의 평화운동 역사와 그 경향, 한계점과 지향점을 설명하고 있으며, 한국교회에서 평화, 통일을 이야기하게 된 것은 1980년대~1990년대 진보 성향이 강한 교회들에 의해서였다고 기술하고 있다. 또한 한국교회의 평화운동이 궁극적으로는 통일과 안보담론 중심의 민족주의적 주제만을 다루는 경향을 넘어 세계 차원에서의 평화를 논해야 한다고 주장한다.

21) 자기충족적 예언은 잘못되거나 편향된 기대 혹은 예상이 상황이나 대상에 대한 잘못된 판단과 해석을 야기하여 그에 부합하는 결과 혹은 결론을 가져오는 현상을 의미하는 심리학 용어이다.

22) Ben Jackson, "Father, Son and Holy Mess: Family Succession in

Megachurches", 『Korea Exposé』 April 29, 2017: 〈https://koreaexpose.com/father-son-holy-mess-megachurches/?fbclid=IwAR3VRZkuFJN1QVsc7FWsFelNwyWMcL1ObBWxwmEk7mzj1T_IouMuXqh4my8〉.

23) 벤 잭슨의 기사 중 교회 세습 현황 중 연도와 관련하여서는 교회세습반대운동연대(세반연)의 "변칙세습 현황 조사 결과"를 확인할 때 일부 수정이 필요한 것으로 보인다. 세반연에서는 2013년 6월 29일부터 2015년 1월 19일까지 이메일, 전화 제보, 언론보도 등을 통해 세습을 완료한 각종 사례를 수집하였으며, 그보다 앞선 2013년 3월 12일부터 6월 28일까지 같은 방식으로 세습사례를 수집한 결과를 2013년 7월 3일에 발표하였다. 당시 세습이 완료되었다고 공개한 교회는 61개였으며, 두 차례에 걸친 조사 결과를 종합한 결과 총 122개 교회가 세습하였고, 그중 85개 교회가 직계세습을, 37개 교회가 변칙세습을 완료한 것으로 확인되었다. "첨부 1. 변칙세습 현황조사 결과", 『2015 변칙세습포럼』, 한국기독교사회문제연구원 (2015년 5월 26일).

24) 물론 오늘 사회적 물의를 일으켜 지탄의 대상이 되고 있는 교회가 수적으로 다수를 이루고 있는 것은 아니다. 지금 우리가 문제 삼고 있는 세습교회 역시 전체 교회에서 그 비율이 높은 것은 아니다. 예컨대 〈교회세습반대운동연대〉에 따르면 2017년 11월 현재 143개 교회가 혈통적 세습을 한 교회로, 〈감리교세습반대운동연대〉가 2017년 10월에 발표한 자료에 의하면 감리교 내에서만 194개가 세습교회로, 그리고 〈뉴스앤조이〉가 이 두 단체의 자료에 더하여 별도로 제보받은 것에 의하면 2018년 1월 현재 350개 교회가 세습교회로 파악되고 있다. 그 수치가 전체 교회 안에서 어느 만큼의 비율인지 알기 위해서는 전체 교회 수를 확인해야 하는데, 현재의 시점에서 비교할 수 있는 자료는 없고 다만 2011년 문화체육관광부 통계에 의하면 한국 개신교 교회의 수는 77,966개인 것으로 알려져 있다. 최형묵, "종교개혁과 교회세습," 『진보평론』, 제75권 (2018), p. 141.

25) 윤정란은 『한국전쟁과 기독교』에서 이승만 정권과 박정희 정권 시기 한국 개신교 교회들이 역대 정권과 어떤 관계를 맺어왔으며, 특히 박정희 시기 유신정권과 어떻게 유착할 수 있었는지 그 배경을 분석하였다. 그러나 본서에서는 정권과 교회의 관계보다는 교회 내부의 성장요인에 초점을 맞추어 논의를 진행하고자 한다.

26) 호남 금산교회(두정리 교회)에서는 그 지역의 거부였던 조덕삼과 그의 마부였던 이

자익이 테이트 선교사의 전도로 기독교인이 되고 함께 세례를 받았다. 교회가 자리를 잡으며 장로를 선출했는데, 천민 출신이었던 이자익이 먼저 장로로 뽑혔다. 당시 한국교회 내에서 천민·양민 구별이 극심한 때였지만 두정리 교회에서는 그러한 사고방식이 완전히 깨진 것이다. 양반이자 지주였던 조덕삼은 투표 결과에 불만을 품지 않고 깍듯이 그를 예우했다. 김민아, "성인전(聖人傳)의 관점으로 본 전북 지역 초기 개신교 신자들의 이야기," 『종교와 문화』, 제39호 (2020), p. 18.

27) 비록 교회가 민주주의적 가치 속에서 살아가는 한국 사회 안에 자리하고 있다고 해도 많은 교회 안에서 아직까지 진정으로 민주적 가치가 실현되고 있다고 보기는 어렵다는 점에서 한국교회가 민주주의에 기반을 두고 있다고 표현하지 않았다.

28) 관련하여 김성보는 유기체적 국가관과 국가 가부장제가 결합된 개념으로서 전상인이 『북한 가족 정책의 변화』(서울: 민족통일연구원, 1993)을 통하여 제안한 '유기체적 가족국가관'을 통해 상호 대립적으로 보이는 사회주의 사상과 유교적 전통 이념이 북한에서 어떻게 이론적으로 결합되어 있는지를 분석하였다. 김성보, "북한의 주체사상: 유일체제와 유교적 전통의 상호관계," 『사학연구』, 제 61호 (2000), pp. 234~252.

29) 관련하여 자세한 내용은 김병로, 『북한, 조선으로 다시 읽다』(서울: 서울대학교 출판문화원, 2016) 1부 3장. '주체사상의 종교화' 중 '4. 주체사상과 기독교'를 참고하라.

30) 반드시 아들과 같은 혈연적 세습이 아니더라도 원로 목사의 입김이 크게 작용하거나 변칙적인 세습에 해당한다고 볼 수 있는 경우(예를 들어, 서로의 자녀를 맞교환하는 방식으로 청빙 목사로 임명한 경우)까지 포함할 수 있다.

31) 손석희, "[앵커브리핑] 교회는 미국서 기업이 되었고 한국에선…," 『jtbc뉴스』, 2017년 11월 14일; ⟨https://mnews.jtbc.joins.com/News/Article.aspx?news_id=NB11549767⟩.

32) Paul Freston, Evangelicals and Politics in Asia, Africa and Latin America (Cambridge, UK: Cambridge University Press, 2001), p. 62; 김성건, "고도성장 이후의 한국교회," 『한국기독교와 역사』, 제38호 (2013), p. 19.에서 재인용.

33) "서울, 대형교회 출석교인 '세계 최다'," 『미주조선』, 2015년 8월 1일; ⟨http://chosunus.com/christian/54019⟩.

34) 백서편찬위원회 엮음, 『돈, 권력, 세습』(서울: 대한기독교서회, 2021), p. 113.

35) 위의 책.

36) 신경규, "한국교회의 문제와 과제," 『개혁주의 교회성장』, 제3권 (2008), pp. 1~43.

37) 한 예로 『돈, 권력, 세습』에서는 교회의 부흥을 물량적 성장과 동일시하여 성장 수치와 통계로 표시되는 물량주의가 교회를 지배하고 있음을 지적하며, 그런 면에서 평양 대각성 부흥 운동의 부활(revival)을 꿈꾸며 2007년에 추진한 'again 1907!'은 1907년 부흥에서의 회개와 죄 용서를 통한 신앙 각성의 본질을 간과하고 물량적 성장을 외친 구호였다고 평가하고 있다. 백서편찬위원회 엮음, 『돈, 권력, 세습』, pp. 25~26.

38) 현대인의 성경에서는 "그 밖에도 여러 혼합 민족들이 그들을 따라 나왔고 양과 소와 수많은 가축이 그들과 함께 나왔다."라고 번역하였다. 개역한글 성경에서는 "중다한 잡족과 양과 소와 심히 많은 생축이 그들과 함께하였으며"라고 번역하였으나 '잡족'이라는 번역이 주는 부정적 어감을 고려할 때 현대인의 성경 번역이 더 적절하다고 판단해 '여러 혼합 민족들'로 본문에서 표기하였다.

39) 하경택, "구약성서의 관점에서 본 다문화 사회와 대응방안-〈노크리〉와 〈게르〉에 대한 이해를 중심으로," 『장신논단』, 제39집 (2010), pp. 67~77.

40) 신명기 9:5 "네가 가서 그 땅을 차지함은 네 공의로 말미암음도 아니며 네 마음이 정직함으로 말미암음도 아니요 민족들이 악함으로 말미암아 네 하나님 여호와께서 그들을 네 앞에서 쫓아내심이라 여호와께서 이같이 하심은 네 조상 아브라함과 이삭과 야곱에 하신 맹세를 이루려 하심이라"

41) 여호수아 7:1 "그는 '유다 지파에 속한 세라의 증손이며 삽디의 손자이자 갈미의 아들'이었다."

42) 여호수아 6:22~25

43) 이은혜, "한국교회 여성 리더가 없다," 『뉴스앤조이』, 2018년 1월 31일; 〈https://www.newsnjoy.or.kr/news/articleView.html?idxno=215680〉; 한국교회 내 여성목사와 남성목사의 비율, 남녀 목사 중 기관목사와 무임목사의 비율 변화 등에 관해서는 다음의 기사를 참고하라. "통계로 보는 한국교회 양성평등," 『한국기독공보』, 2018년 4월 18일; 〈https://m.pckworld.com/article.php?aid=7667919863〉.

44) 표성중, "'여성 리더십'과 거리가 너무 먼 한국교회," 『아이굿뉴스』, 2012년 3월 11일; ⟨http://www.igoodnews.net/news/articleView.html?idxno=34108⟩.

45) 영국의 목사 매튜 헨리(Matthew Henry)는 "하나님께서 남자 갈비뼈로 여자를 만든 데는 깊은 뜻이 있습니다. 남자의 발로 만들지 않은 것은 짓밟히지 않도록 하심이고, 옆구리로 만든 것은 나란히 동등하라 하신 것이요, 팔 아래 있는 것으로 만든 뜻은 보호받으라고, 심장 옆의 것으로 만드신 것은 사랑받아야 한다는 뜻이셨습니다." 라고 하였다. 이종훈, "왜 하필 아담의 갈비뼈(Rib, 늑골肋骨)를 선택하셨을까?," 『아름다운 동행』, 200호 (2016년 7월 3일); ⟨http://www.iwithjesus.com/news/articleView. html?idxno=6432⟩.

46) Miroslav Volf 저, 박세혁 역, 『배제와 포용』, pp. 263~301.

47) '책임이나 의무를 지우다'의 의미가 아닌 '삭제되는, 제거되는'의 의미로 사용한 단어이다.

48) '슈퍼맘'은 육아와 가사, 직장생활을 완벽하게 해내는 여성을 지칭하는 단어로서 한국 사회 내에 존재하는 여성에 대한 비현실적인 이중적 기대감을 상징한다. 마찬가지로 교회에서는 교인들에게 교회 안팎에서 모두 완벽하게 역할을 해내기를 기대한다. 그런 의미에서 본문에서는 '슈퍼맘'이라는 단어를 차용하여 '슈퍼 크리스천'이라고 표현하였다.

49) '동조'현상과 관련된 대표적인 심리학 실험인 솔로몬 애쉬(Solomon Asch)의 실험에서는 피실험자 1명과 함께 미리 섭외해놓은 보조 연기자들에게 한 개의 선분이 그려진 카드를 보여준 후 각각 다른 길이의 선분이 그려진 세 장의 카드를 보여주었다. 그리고 처음 본 카드와 같은 길이의 선분이 그려진 카드가 무엇인지 질문하였다. 이때 보조 연기자들은 일부러 틀린 답을 이야기하고, 피험자가 어떤 답을 하는지 관찰하였다. 그 결과 많은 사람이 명확히 오답임을 알 수 있는 보조 연기자들의 정답에 동조하는 것을 볼 수 있었다.

50) 제노사이드는 한 민족, 종족, 인종에 대한 '집단학살'이라는 의미를 가지며 제 2차 세계대전 이후인 1948년 라파엘 렘킨이라는 사람이 UN이 '제노사이드 협약'(Covenant on Genocide)을 제정하도록 하면서 등장한 개념이다. Dan Stone, "Rafael Lemkin on the Holocaust" Journal of Genocide Research, vol. 7, no. 4 (2005), pp. 539~550; 강남순, 『코즈모폴리터니즘과 종교』 (서울: 새물결플러스,

2015), p. 106.에서 재인용.

51) 신앙생활이라는 단어 자체가 일상과 종교적 생활을 구분짓는 듯한 이중적 세계관을 반영하는 의미로 해석될 수 있기 때문에 필자는 이 단어의 사용을 지양하고자 한다. 그러나 본문에서는 교회를 비롯한 종교공동체에서 할애하는 시간과 활동이라는 의미로, 그런 시간을 제외한 시간을 뜻하는 '일상'과 대비되는 표현으로서 이해를 돕고자 이 단어를 사용하였다.

52) 이는 비단 교회 세습분만 아니라 다양한 재난사건 혹은 국가폭력 희생자들에게서도 나타나는 현상이다.

53) 마호니(Annette Mahoney)와 그의 동료들은 신성한 대상들이 침해당하는 것을 탈신성화(desecration)라고 부른다. 신성한 대상들이 한 번 침해당하면 그것들의 신성한 힘은 없어지거나 약화된다.(중략) 어떤 대상을 신성하게 여기면 여길수록 그것의 파괴로부터 오는 충격과 상처는 더 크며, 그것을 파괴한 사람에 대한 분노와 원한은 더욱 강렬하다.(중략) 그러므로 용서는 재신성화, 즉 침해로 망가진 영혼, 세상, 그리고 삶을 신성하게 회복하는 작업이고 과정이다. 손운산, 『용서와 치료』, pp. 209~210.

54) 표준국어대사전:⟨https://ko.dict.naver.com/#/search?query=%EB%82%9C%EB%AF%BC⟩.

55) 유엔난민기구 홈페이지; ⟨https://www.unhcr.or.kr/unhcr/html/001/001001001002.html⟩.

56) 김성경, 『갈라진 마음들』 (파주: 창비, 2020), pp. 191~192.

57) 필자는 교회 세습으로 인한 마음의 상처와 아픔을 나누고 이야기하는 목적으로 진행되었던 모임에 참여한 적이 있는데, 그 모임의 한 참가자는 세습으로 인해 교회를 떠나게 된 많은 성도를 '영적 난민'이라고 표현하였다.

58) 조정래의 소설 『태백산맥』에서는 한국전쟁을 전후로 사상과 이념에 따라 마을공동체와 친구, 가족과 같은 가까운 관계 내에서 일어나는 갈등, 회색지대를 허용하지 않고 이면 혹은 저편에 서기를 강요하는 시대적 상황을 섬세하게 묘사하였다.

59) 박성원·권수영, "'가나안 성도'들의 탈(脫) 교회에서의 신앙경험에 대한 연구." 『한국기독교상담학회지』, 제28권 4호 (2017), p. 71.

60) 정재영, "종교 세속화의 한 측면으로서 소속 없는 신앙인들에 대한 연구," 『신학과

실천』, 제39호 (2014), pp. 575~606; 위의 논문, p.70.에서 재인용.

61) Howard Zehr 저, 손진 역, 『우리 시대의 회복적 정의』(충남 논산: 대장간, 2019), pp. 48~54.

62) 이에 대해서는 7장 '치유와 회복을 위하여–공동체 차원의 치유와 회복'에서 보다 자세히 다룰 것이다.

63) Patrick O'Malley·Tim Madigan 저, 정미우 역, 『제대로 슬퍼할 권리』(서울: 시그마북스, 2018), pp. 45~48.

64) Judith Herman 저, 최현정 역, 『트라우마: 가정폭력부터 정치적 테러까지』, 2부. '회복 단계', pp. 225~355.

65) 필자의 경우 교회를 떠난 이후 교회공동체에서 느꼈던 감정을 나눌 수 있는 모임에 참여하거나, 몇몇 지인들과 비정기적으로 만나 이야기를 나누었다. 그리고 시간이 조금 더 흐른 후에는 필자와 생각을 달리하는 지인들과도 이야기를 나누며 다른 의견을 듣고, 떠나온 교회의 상황과 그곳에 남아있는 사람들이 느끼는 감정에 대해서도 듣는 시간을 가졌다.

66) 패트릭 오말리와 팀 매디건은 『제대로 슬퍼할 권리』에서 상실, 애도와 관련하여 슬픔을 단계별로 구분 짓고 정상적인 애도 기간을 규정해온 기존 심리학계의 관점에 반대하면서 슬픔의 단계에 따른 치료가 아닌 '이야기하기'가 보다 효과적이며 근본적인 치유 방법이 될 수 있다고 주장한다.

67) Bill Rolston· Claire Hackett, "The burden of memory: Victims, storytelling and resistance in Northern Ireland" Memory Studies, vol. 2, no. 3 (Fall 2009), pp. 359~360.

68) Victor Frankl 저, 이시형 역, 『죽음의 수용소에서』 (경기: 청아출판사, 2007).

69) 임선영·권석만, "역경후 성장에 영향을 미치는 인지적 처리방략과 신념체계의 특성" 『한국심리학회지: 임상』, 제32권 3호 (2013), pp. 567~588.

70) Howard Zehr 저, 손진 역, 『우리 시대의 회복적 정의』, pp. 55~58.

71) 강남순, 『용서에 대하여』(파주: 동녘, 2017), pp. 49~59.

72) Friedrich Nietzsche 저, 김훈 역, 『선악을 넘어서』(서울: 청하, 1982), p. 100.

73) 이행기 정의 및 과거사 청산에 관한 자세한 내용은 안병직 외 공저, 『세계의 과거사 청산』(서울: 푸른역사, 2005)를, 진실위원회에 관한 자세한 내용은 Priscilla

Hayner 저, 주혜경 역, 『국가폭력과 세계의 진실위원회』 (서울:역사비평사, 2008). 를 참고하라.

74) "What is Transitional Justice?", International Center for Transitional Justice, 2009: 〈https://www.ictj.org/sites/default/files/ICTJ-Global-Transitional-Justice-2009-English.pdf〉; "What is Transitional Justice: A Backgrounder", United Nations Peacebuilding Support Office, 20 February 2008, 전환기정의 워킹그룹 역, 2015년 6월 10일.

75) Howard Zehr 저, 손진 역, 『우리시대의 회복적 정의』, p. 145.

76) Howard Zehr, "Restorative Justice: The Concept" Corrections Today, vol. 59, no. 7 (December 1997), pp. 68~70; 김지은, "스토리텔링을 통한 통일 한국 의 사회치유 방향성 모색," 『문화와 정치』, 제 4권 4호 (2017), pp. 150~152.

77) 이재영, 『회복적 정의, 세상을 치유하다』 (남양주: 피스빌딩, 2020), pp. 54~66.

78) 박종운, "한국교회 내에서의 회복적 정의와 화해," 전우택 외, 『용서와 화해에 대한 성찰』(서울: 명인문화사, 2018), p. 245.

79) 위의 글.

80) 위의 글, p. 249; 이재영, 『회복적 정의, 세상을 치유하다』, pp. 168~182.

81) Howard Zehr 저, 손진 역, 『우리 시대의 회복적 정의』, p. 225; 이재영은 제어의 이러한 회복적 정의에 대한 관점을 정리하여 응보적 정의와 회복적 정의의 관점을 비교하였다. 관련된 내용은 이재영, 『회복적 정의 세상을 치유하다』, p. 81. 을 참 고하라.

82) 한국교회의 분쟁을 해결하기 위해 진행하고 있는 다양한 활동과 관련해서는 박종 운, "한국교회 내에서의 회복적 정의와 화해," pp. 250~274.를 참고하라.

83) 위의 글, p. 239.에서 재인용.

84) "2019년 교회개혁실천연대 교회문제상담소 상담통계 및 분석 보고서," 『교회개 혁실천연대』 (온라인), 2020년 1월 17일, pp. 4~6; 〈https://www.protest2002. org/bbs/board.php?bo_table=documents&wr_id=1645&sfl=wr_subject&stx =2019%EB%85%84+%EA%B5%90%ED%9A%8C%EA%B0%9C%ED%98%81%E C%8B%A4%EC%B2%9C%EC%97%B0%EB%8C%80+%EA%B5%90%ED%9A%8 C%EB%AC%B8%EC%A0%9C%EC%83%81&sop=and〉.

85) 박종운, "한국교회 내에서의 회복적 정의와 화해," p. 242.

86) 위의 글, p. 243.

87) 단, 이때 만남은 피해자나 가해자 모두 자발적 의지에 따라 이루어져야 하며, 이것이 자칫 피해자에 대한 2차 피해나 합의를 위한 압력이 되지 않도록 주의해야 한다.

88) 이에 해당하는 사례로 명성교회 세습과 관련하여 17개 기독교 단체가 '신앙고백모임'을 중심으로 '백서편찬위원회'를 조직하여 발간한 『돈, 권력, 세습』을 들 수 있다.

89) "한국교회, 탈북자 어떻게 바라보는가?" 『기독일보』 (온라인), 2012년 10월 15일; 〈https://www.christiandaily.co.kr/news/9670#share〉.

90) 필자는 북한출신 청소년과 한국출신 청소년이 함께하는 4박 5일간의 행사에 자원봉사자로 참여한 적이 있는데, 이 기간 진행된 세미나에서 보수성향의 강사가 정치적으로 편향된 입장에서 제한된 정보만을 학생들에게 전달하는 것을 보고 매우 충격을 받았던 기억이 있다. 세미나가 끝난 후 북한출신 학생들은 고향과 그곳에서의 기억, 자신의 정체성을 거부당하는 것 같아 불편했다고 필자에게 이야기하였다. 남과 북에서 온 학생들이 서로 알아가고 이해할 수 있도록 돕는 행사 취지가 무색하게도, 어른 세대들은 여전히 자신들의 세계관과 선입견에 갇혀 그것을 다음 세대에게 전수하는 오류를 범한 것이다. 이런 만남에서 필요한 것은 어른 세대가 가진 고정관념이나 편견을 전수하거나 일방적으로 편향된 정보를 주입하는 것이 아니라 중립적이고 다양한 정보의 제공과 함께 후속 세대들끼리 대화를 통해 서로 알아가고 서로에 대한 오해나 고정관념을 극복할 수 있도록 하는 것이다.

91) Everett L. Worthington, Jr. Forgiveness and Reconciliation : Theory and Application (New York: Routledge, 2006), p. 258.

92) Ibid.

93) Desmond M. Tutu 저, 홍종락 역, 『용서 없이 미래 없다』 (서울: 홍성사, 2009).

94) 김지은, "분단 트라우마의 치유와 화해, 공동의 미래로서의 한반도 통일," 『통일과 평화』, 제11집 1호 (2019), p. 331.

95) Anthea Krieg, "The experience of collective trauma in Australian indigenous communities" Australian Psychiatry, vol. 17 (September 2009) , pp. 28~32: 최윤경, "집단 트라우마와 마음의 치유.", p. 79. 에서 재인용.

96) 최승미·김영재·권정혜, "인지적, 문제해결적 행동 대처 및 사회적 지지가 외상

후 성장에 미치는 영향: PTSD 증상 수준에 따라," 『인지행동치료』, 제13권 2호 (2013). pp. 307~328.

97) Sheryl Sandberg·Adam M. Grant 저, 안기순 역, 『Option B』 (서울: 미래엔, 2017), p. 180.

98) 위의 책.

99) 이러한 노력에는 공동체적 차원에서의 치유와 회복을 위해 이행기 정의의 영역과 관련하여 전술한 내용들이 포함된다.

100) David B. Feldman · Lee Daniel Kravetz, Supersurvivors: The Surprising Link between Suffering and Success (New York: Harper Wave, 2014); Sheryl Sandberg·Adam M. Grant 저, 안기순 역, 『Option B』, p. 178.에서 재인용.

101) Geoff DeVerteuil · Oleg Golubchikov, "Can Resilience Be Redeemed?" City: Analysis of Urban Trends, Culture, Theory, Policy, Action, vol. 20, no. 1 (2016), pp. 143~151; Markus Keck · Patrick Sakdapolrak, "What Is Social Resilience? Lessons Learned and Ways Forward," Erdkunde, vol. 67, no. 1 (2013), pp. 5~19; 위의 책, p. 186.에서 재인용.

102) 최윤경, "집단 트라우마와 마음의 치유,", p. 79.

103) Robert D. Enright · Richard P. Fitzgibbons 저, 방기연 역, 『용서심리학: 내담자의 분노 해결하기』 (서울: 시그마프레스, 2011), pp. 45~53.에서는 용서가 아닌 개념을 소개하며 용서는 사면, 법적 자비와 관용, 묵과와 너그러이 봐주는 것, 화해, 조정, 정당화, 망각과 동일한 개념이 아니라고 기술하고 있다.

104) 손운산, 『용서와 치료』 (서울: 이화여자대학교출판문화원, 2008), pp. 78~88.에서 소개하고 있는 플래니건의 용서의 여정에 해당하는 내용들을 일부 정리한 것이다. 용서 모델에 대한 더욱 다양한 이론들이 궁금하다면 같은 책 제3장, '용서의 과정',pp. 59~88.을 참고하라.

105) Jacques Derrida 저, 배지선 역, 『용서하다』 (서울: 이숲, 2019).

106) 한나 아렌트(Hanna Arendt) 또한 가해자의 참회·반성·처벌 등 용서의 전제 조건이 성립되지 못하면 용서는 불가능하다고 보았으며, 따라서 나치의 유태인 학살 범죄의 경우 가해자들이 사망해 참회나 처벌과 같은 용서의 전제조건이 갖추어질 수 없으므로 이들을 용서하는 것이 불가능하다고 보았다. 강남순, 『용서에 대하

여』, pp. 218~219.

107) 이해완, "용서와 화해, 그 불가능에서 가능성으로 가는 길." 전우택 외, 『용서와 화해에 대한 성찰』, p. 40.

108) 위의 책, p. 42.

109) 마태복음 22:39

110) 일반적으로는 '평신도'라는 용어가 많이 사용되고 있지만 본문에서는 위계적인 뉘앙스를 내포하는 '평신도'라는 단어보다는 '성도'라는 단어를 사용하고자 한다.

111) 관련하여 코로나19가 신앙생활에 미친 영향, 포스트 코로나 시대에 교회에서 신경 써야 할 부분, 온라인 예배 경험 및 만족도 등에 대해 청어람ARMC(오수경 대표)가 2020년 8월 20일부터 26일까지 소셜미디어를 통한 온라인 방식으로 진행하여 805명이 응답한 설문 조사 결과를 소개한 다음의 기사를 참고하라. "비대면 시대의 온라인 예배, 어디까지 다가왔을까." 『뉴스앤조이』 (온라인) 2020년 9월 4일; ⟨https://www.newsnjoy.or.kr/news/articleView.html?idxno=301312⟩.

112) 위의 글.

113) 한국 사회 내에서의 다양한 이해관계 집단 간의 갈등

114) 칼 트루먼(Carl R. Trueman)은 저서 『진보보수 기독교인(Republocat: Confession of a Liberal Conservative)』(김재영 역, 서울: 지평서원, 2012)에서 미국 기독교인들에게서 나타나는 정치와 종교의 동일시, 즉 복음주의적 성향이 정치적 보수로 직결되는 현상 및 개신교 교회의 세속화 현상을 분석하였다. 트루먼이 분석한 영국과 미국의 경우를 비롯하여 모든 국가나 사회는 그 역사적, 문화적 배경에 의해 종교의 정치화가 나타날 수 있다. 그런 면에서 한국교회 내 정치적 편향성은 다른 사회에서 찾아볼 수 없는 특이한 것이라거나 한국에만 국한되어 나타나는 현상이 아닌 일반적 현상으로서의 성격도 가진다. 그러나 이러한 일반성을 감안하더라도 한국교회의 보수적 성향은 분단과 그로 인한 트라우마를 도구적으로 활용하고 이념적 양극화와 양분화를 위한 지렛대로 삼은 측면이 강하다.